Gespräche
mit
Kafka

阅读是砍向
我们内心冰封大海的斧头

卡夫卡谈话录

［奥］弗朗茨·卡夫卡　口述
［捷克］古斯塔夫·雅诺施　记述　　徐迟　译

果麦文化 出品

抵抗自己的局限性与惰性,抵抗这张办公桌和这把椅子。

——弗朗茨·卡夫卡

目 录

导读：卡夫卡的钟摆　　　　　　　　1

前言　　　　　　　　　　　　　　43

卡夫卡谈话录　　　　　　　　　1

附录：本书的历史　　　　　　　276

导读：卡夫卡的钟摆[1]

格非

很高兴今天下午在这里跟大家见面，对卡夫卡这位作家做一个讨论。我个人觉得，作为一个严肃的学术演讲者我是没有资格的，因为我不懂德语。卡夫卡是一个用德语写作的作家，他的创作与20世纪初的德语文化和文学环境密不可分。如今，某些捷克人对卡夫卡怀有偏见，认为他是一个用德语写作的犹太人，不能算捷克作家。我读卡夫卡差不多是二十年前的事情了，也就是1988年前后，那段时间人们对他非常迷狂。当时，被翻译到中国来的卡夫卡的作品相对来说比较全，我就是在那段时期，积累了一些阅读经验。

---

[1] 本文原为一篇发言稿。2008年12月21日，格非受邀参加王家新主持的"历史的天使：现代诗歌、文学、哲学、艺术系列讲座"，于北京798艺术区UCCA（尤伦斯当代艺术中心）报告厅做了这一发言。——编者注

今天家新请我来，我并不准备做一个纯学术性的演讲，而是想根据我个人阅读的体会跟大家进行一些交流，来共同分享对卡夫卡的阅读经验。首先，我们会聊到卡夫卡在西方的地位。之所以从这一点开始，是因为很多人对卡夫卡有一种恐惧，觉得这个人是这么一个重量级的作家，又是描写虚无和荒诞，描写官僚体制，描写所谓异化的一个作家。所有的"大帽子"肯定一开始容易把我们吓住，我自己有一段时间也深受其害。比如在上大学的时候，读卡夫卡的作品会不断地感到恐惧。觉得一个神经正常的人会由于读了卡夫卡而变得分裂，这个现象存在了很多年。而且就算后来我读了大量的卡夫卡作品，也还是如此。所以这里我给大家先讲一个小故事，也希望大家能够换一种眼光来看待卡夫卡。

有一次，我跟一位作家在学校里散步，走到树林边看到一位女孩，她坐在一个石桌边哈哈大笑，一边读书，一边旁若无人地大笑。我们俩人不由得停住。作家问我："你猜猜看，那位女孩在读一本什么书？"我说："我没兴趣猜，大概是什么漫画之类比较好玩的读物。"他当然也做了一些猜测。后来我们两个人要走了，他突然又说："我们不妨去看看，她在读什么书，她又为什么在那儿笑。"我同意了。因为她笑的声音非常刺激而夸张。

我们两个返回树林，问那位女孩："你看的是什么书，我们希望了解一下。"那个女孩把书合上给我们看封面，是卡夫卡的《审判》。我们俩当时很惊讶，觉得太不可思议。一位女孩读卡夫卡笑成那样，有点匪夷所思。联想到卡夫卡所描述的荒诞世界，我觉得这个世界本身就更加荒诞。于是我们又问她："你觉得卡夫卡他很好笑吗？"她说："很好笑。你们读过吗？"说完她很是得意地看着我们。我们说："读过，但是没觉得怎么可笑。"她又确定地说："很好笑的。"我们就问："能不能举一个例子，说一说好笑在什么地方？"因为《审判》毕竟是一本严肃的书。女孩子说："你看，开头就很好笑，K.这个人在家里正准备吃早饭，进来两个人跟他：'你被捕了。'说完却没有忙着把他带走，而是坐下来把这个人的早饭吃掉了。也就是说，他们本来是来执行公务的，但却一本正经地坐下来，吃嫌疑人剩下的早饭。这个难道不好笑吗？"我们说："这个倒也挺好玩的，但也不至于笑出来。"她又举例子说："K.进到法院，试图推开一扇门寻找法官，但是那个门推了半天也推不开，原来里面有一张床挡着，他把门再打开一点，床就露出来了，原来有个人正在床上睡觉。他要进法院，必须先经过一个卧室，需要把这张床挪开以后，才能进去。"讲完这个细节，女孩子说："卡夫卡太伟大了！这是一般人能写出来的吗？"她还举了一些例子，以至于后来我们忽然发现，我们这些人是不配读卡夫卡的——整天愁眉苦脸的，觉得他要告诉我们关于这个荒诞世界的伟大真理。可是这个女孩子不一样,她是在享受卡夫卡的喜剧。

我曾在北京参加过德国歌德学院组织的一个国际研讨会。这个会议是为了纪念卡夫卡诞辰110周年而举办。会上有一位来自捷克的作家,做了一个让我们印象很深的发言。她发言的题目就是"卡夫卡的喜剧"。她说:卡夫卡在写作的时候,经常把他当天写完的作品朗读给他的朋友们听。几乎无一例外,那些朋友都笑倒在床上打滚。可是今天的人在读卡夫卡的时候,会被过多的对卡夫卡的阐释所影响。假如换一个没有那么多阅读经验的人,不太关心社会的异化、悖论、荒谬的处境、绝望感,把它作为一个喜剧来读是不是也可以?

我举这个例子是想说明卡夫卡具有非常多的解读方面的可能性。当然很遗憾,我不是德语文学的权威,不懂德语。可是如果说一个读者不懂德语,通过译文,就完全搞不懂卡夫卡,这也不对。我记得在歌德学院的会上,有位懂德语的中国作家就发表了类似的高论,遭到歌德学院院长阿克曼先生的严厉驳斥。我知道很多专门搞德语文学研究的,他们对卡夫卡的解释,也不见得如何高明。因为他们基本上把卡夫卡说成是一个描写官僚体制,对吃人的资本主义制度进行猛烈抨击的小说家。至于说卡夫卡为什么在西方世界形成那么大的影响,他们又会说,主要是因为他作品的艺术特色,为现代主义开启了先河。那么什么是卡夫卡的特色?很简单,就是所谓象征性、暗示性、寓言写作，说来说去都是这几句话。我看过很多卡夫卡的介绍，基本上都是这样描述的。

所以我今天希望就某个问题跟大家做一点探讨，主题是"卡夫卡的钟摆"。我出过一本书，书里面收录了一些论文和随笔，其中关于卡夫卡的那篇随笔，题目就叫作《卡夫卡的钟摆》。我为什么会对"钟摆"感兴趣呢？卡夫卡在小说里面经常写到一种感觉，就是"眩晕"——人老是眩晕，对世界感到不适应。这种眩晕并不是生理上的疾病导致的，而是源于尼采所说的世界的"失重"。卡夫卡说："一个人假如在生活中不能忍受这个世界阳光的刺激，你可以用一只手把阳光挡住。然后用另外一只手匆匆记下你在这个世界上看到的一切。在你的有生之年，你或许就死掉了，但你却是真正的获救者。"我想卡夫卡比任何一个作家都关注"获救"的概念。那什么是卡夫卡的"获救"呢？我刚才所谓的"眩晕"，所谓的"不适应"和"失重"，主要是因为他时常在两个世界之间来回地摆动。摆动产生眩晕感。其中的一个世界，我们可以说成是卡夫卡作品里面写过的最坏的世界，最不能忍受的、最没有尊严的世界，就是爸爸叫儿子跳水自杀，就是无穷无尽的耻辱。另一个世界是卡夫卡想进入而无法进入的，就是现在在座所有人，普通人所习以为常的生活。这种生活就是"家居伦常"。大家知道卡夫卡订过婚，但是最后没有结婚。他当然喜欢离群索居的人、离家出走的人，同时又羡慕具有"家居伦常"生活氛围的人。他似乎是在这两个世界，在钟摆的两极徘徊。说"钟摆"还有一个原因：卡夫卡比较悲观，他笔下的人物通常都处在悖论之间。不管怎么选，其结果都是毁灭。比如说，他在小说里面时常写到的小动物，老鼠啊，甲虫啊什么的。他写的小老鼠非常可爱。对于老鼠来说，它的两极是什么？一头是猫，就是你要过去猫就把你吃掉了。那么就往另外一边跑，但跑向另外一边，也不见得有什么好下场，因为在另一端等待它的就是捕鼠器。这个捕鼠器，很容易联想到国家机器，联想到人为设置的各种各样的社会制度。相比之下，那个猫也许还更可爱一点。假如我们是这个老鼠，是愿意被猫自然地吃掉，还是愿意被捕鼠器弹下来夹死？这当然也是卡夫卡的两极。

所以瓦尔特·本雅明认为卡夫卡提供的是一个"中间世界"，既不是完全没有希望，也不是充满希望，而是有一点点希望。我们都处在这样一个世界。所以，我认为今天来讨论卡夫卡也不过时，因为我们今天也生活在这样的世界当中。你说这个世界没有什么希望，但是生活当中还充满了一些被卡夫卡称为"小小的乐趣"的事物。有那么一点点小小的乐趣。这个乐趣的拥有者不是卡夫卡本人，而是被卡夫卡称为"助手"或"傻子"的一类人。需要提醒各位的是，这类人物不是反面角色，而是卡夫卡十分羡慕的一类人。

当然不能否认卡夫卡对官僚机器、对僵硬的社会机制、对所谓的异化的反映与表现，这些内容他都涉及了。但从根本上讲，我觉得卡夫卡也是一个不断渴望离家出走的人，他希望逃到一个地方去。所以我刚才说，"获救"这个概念对卡夫卡充满了吸引力，可能也对我们每个人都充满了吸引力。可是"获救"这个词的意思对卡夫卡来说，并不意味着解决问题，或者说进入天堂，或者说获得阶段性的某种胜利，卡夫卡从来不相信这个东西。还是引用本雅明的话，他说：对于卡夫卡来说，获救就意味着逃脱。过去的基督教，包括犹太教，在卡夫卡之前，在18世纪之前的世界，人是可以获救的，上帝有一天会重临这个世界，会有末日审判，我们所有的苦难、冤屈，在这一天都会得到正义、公正的补偿。当然，卡夫卡的世界已经到了20世纪。他死于1924年，第一次世界大战已经发生了。所以刚才家新说，很多人把他看成是"先知"，一个"寓言家"。但他同时也是"预言家"，他实际上预告了未来世界的很多信息。

不过，这里需要说明的是，卡夫卡这样的寓言，这样的写法，他关心的这些问题，在人类历史上并不是第一次出现。在他之前，有非常多的人考虑过同样的问题。也就是说，卡夫卡有无数的先驱。阿根廷的博尔赫斯专门写了一篇文章，来谈论卡夫卡的先驱。当然这篇文章里面他没有谈到霍桑，我个人认为霍桑和卡夫卡非常相近。霍桑是美国作家，也是我非常崇拜的一个作家，特别了不起，这个人和卡夫卡的话语方式有很相近的地方。

世界上有两种类型的作家。一种类型是以巴尔扎克为代表的作家，他们什么都能写。巴尔扎克描写的不只是小说，而是整个世界，他像一个手工作坊主那样生产小说。他从裁缝、妓女、一般的无产者到官员、大亨，到银行家，社会上所有的人他都能写。据说，他的《人间喜剧》里面有大约二千二百多个人物，非常惊人。另一种类型，是以卡夫卡和霍桑为代表的作家。这样的作家不喜欢跟社会打交道。他们基本上像老鼠一样躲在阴暗的角落里，趴在家里不出门，朋友很少，属于隐居者。这样类型的作家很多。卡夫卡和霍桑属于比较相像的两个人。为什么？霍桑也是属于特别爱胡思乱想的人，在家里没事干就写一些笔记。霍桑去世后，留下非常多的笔记，有人专门给他整理这些笔记。他的每一篇笔记都可以写成非常奇妙的短篇小说，可是他根本不屑于去写，他的妙主意太多。我读过一部分他的笔记，我认为这个笔记的作者也可以称为"卡夫卡"。

霍桑写过一篇非常著名的小说《韦克菲尔德》。小说中提到，在当时的英国伦敦，有那么一个中年人突然感到生活很没意思，就像今天很多人觉得家庭生活很无聊一样。怎么办呢？他就想出一个办法，离家出走。某一天，这个人拎起一个皮箱，带上雨伞，收拾行李准备远行，他的妻子在家里忙碌。这个中年人四五十岁,是一个比较喜欢幻想,同时又非常老实的人。他老婆知道他有这样一个毛病,结婚已经很多年了,觉得他这个人就是这样的,总有一些不正常的举动,所以也没当回事。他说要出去住一段时间,就跟妻子告别,他妻子也没理他,他就出了门。出门以后,不知什么原因,他又返回来,把他的脑袋从门外面伸进来,对着他的妻子突然笑了一下。霍桑说:很多年以后,他的妻子能够记住丈夫的就是这么一张笑脸,很诡异。他去了什么地方呢?他觉得生活很无聊,就想不如去住旅馆,到什么地方休息一下。等身心恢复以后再回来忍受妻子和日常生活的折磨。现在有些人对家庭生活感到厌倦,觉得没意思,那么就跑到一个荒岛上待两个星期,回来以后又充满了新鲜感,充满了活力,再应付非常糟糕、难受的日常生活。但大家注意,这个韦克菲尔德没有走远,他隐居的地方就在他家旁边。他住的旅馆跟他家只有一条马路之隔,几步路就可以回家。但是他住下来了,他打算住两天或者一个礼拜。

当他准备回家的时候,他突然想:"为什么我不再住一个礼拜呢?不再住一天呢?"他就不断把回家的时间往后推,一直推了二十年,自己隐居在自己家门口二十年。他还会回去看他的妻子。第一天看妻子没有什么事,过了几天他妻子很着急,然后妻子生病,请来了医生,他无所谓。他不断地回去看他的妻子,有一次他觉得妻子变胖了,他发现时间过去了很多年。他的妻子当然要寻找丈夫，比如登告示，让朋友去找，但是找不到，妻子就把自己当成一个寡妇，肯定丈夫已经死了。

可是对于韦克菲尔德来说，他每时每刻都想着回家。当然这个人在家门口住了二十年。二十年以后，他们在伦敦的一个教堂旁边，在茫茫人海中迎面相遇，他当然认得出他的妻子，因为他经常回去看他的妻子。可是他妻子已认不出他来了。他的妻子看了他一眼，手里拿着一本祈祷书就上教堂做礼拜去了。可是她走上高高的台阶以后，突然回过头来，朝他们相遇的地方看了一眼，说明他妻子的脑子里还残存着对他的记忆。韦克菲尔德回去以后就骂自己是傻瓜，说，"我怎么能做这样的事情呢？怎么能住二十年呢？"于是回家了。在一个风雨交加的夜晚，他最后一次在门外窥伺自己的妻子，内心交织着悔恨和自责，然后他就若无其事推门走了进去，似乎对他妻子说：我回来了。小说的故事到这里就结束了。

我为什么认为这样的小说也可以称为是卡夫卡式小说呢？因为卡夫卡的小说里面充斥着韦克菲尔德这样的人和这样的行为。但在博尔赫斯看来，霍桑与卡夫卡最大的不同是，霍桑小说里面的人物离家出走以后还能回来。就像我们今天社会生活中，一些人离家出走，只要他们愿意回来，当然没问题。可是你们看卡夫卡的小说，里面所有的人，只要离开了家门，就回不去了。卡夫卡小说中的人物无法像奥德修斯那样回家，这当然有社会性的一面，我个人认为也有自我放逐的一面。这两个东西同样重要。说到造成卡夫卡与霍桑的不同的原因，第一个方面，固然是因为社会的变化，卡夫卡所面临的生存环境，面对的荒谬感进一步加深了。第二个方面，个人在做出选择的时候毕竟跟浪漫主义时代已经完全不同了。

当然卡夫卡的先驱有很多，我稍微举几个例子，除了霍桑之外，还有罗伯特·瓦尔泽，这个人是卡夫卡最喜欢的作家之一。很多研究者都认为，瓦尔泽影响了后面的卡夫卡，为什么？瓦尔萨写过一部很著名的小说叫《助手》，里面写一大帮人准备了地球仪、指南针等各种各样的远行装备，准备离开家乡。整部小说就是写他们为离开家乡所做的准备活动，可是小说写到最后，这几个人也没能离开家乡一步。这就是卡夫卡的处境，也是我们很多人的处境，我觉得大家都是卡夫卡。

为什么一定要打消诸位对卡夫卡的恐惧？卡夫卡和我们一样，如果他的作品我们能看懂，能够发生某种共鸣，那就说明，发生在卡夫卡身上的事，也发生在我们身上。

19世纪的一个英国诗人布朗宁，他写过一首诗，诗名叫《疑虑》。他说：有一个人不断地给他写信，跟他大谈哲学问题，谈各种各样的问题。但他又不认识这个人。这个人的学问如此高深，他当然要了解这个人是谁。他就把信件拿给专家看，专家认为这个人、这些信件是伪造的，也就是说世界上并不存在这么一个人。那么这些信是谁写出来的呢？布朗宁暗示我们，写信给他的人，恰恰就是上帝本人，很震撼。卡夫卡也经常涉及这个主题。

还有布洛瓦，他写过一篇题为《卡尔卡松》的小说。卡尔卡松是一个地名，一支军队准备进攻这个地区，行军几万里，不断地翻雪山，克服重重障碍，可是他们永远不能抵达要接近的目标。大家可以想到卡夫卡的一部很重要的著作就是《城堡》。这个城堡就在被大雪所覆盖的山头，所有人都能看见这个城堡，但是卡夫卡笔下那个可怜的K.就是接近不了那个目标，他进不去。而且不仅进不去，他连接近的可能性都没有。这就是卡夫卡，或者也是我们所面临的基本生存困境。

当然上面说到的几个例子都是博尔赫斯提到的。当然他还提到了很多人，这里面就包括一位中国人，也许大家会觉得很有趣。

这个中国人是谁？他就是唐朝的韩愈。他写过一篇很短的文章，叫《获麟解》。韩愈和卡夫卡有什么关系呢？为什么韩愈也被博尔赫斯认为是卡夫卡的先驱呢？我重新读了《获麟解》，觉得还真有关系。在文章中，韩愈说，麒麟这样的动物是确实存在的，但是谁都没有见过。有谁说见过麒麟？大家都说没见过。可是没有任何人会否定它的存在。这样的一个悖论也是卡夫卡在写《城堡》的时候所面临的问题。K.要进入这个城堡，当然需要城堡当局的同意，那么城堡当局是谁？据说有一个人叫克拉姆，当克拉姆出现的时候，K.就会被告知这个人并不是克拉姆。小说写到最后，我们有理由认为，有两种可能：

一个可能，克拉姆并不存在。

一个更可怕的可能，K.所见到的所有官员都有可能是克拉姆。这个世界所拥有的真理，对于我们每个人来说，它都是沉默的，你不能穿透它。

卡夫卡最有好感的中国作家是谁呢？是老庄，就是老子和庄子，他花了很长时间研究这两个人的著作。而且我认为在卡夫卡小说里面确实能够找到老子著作或者是庄子著作的很多痕迹。老庄也是提倡跟社会现实生活决裂的，提倡抛弃智慧。我们都十分看重智慧，可智慧是什么呢？智慧只能带来烦恼。卡夫卡小说里面有智慧的人也是最痛苦的人。什么样的人最幸福呢？就是老庄说的无知无能的人，这样的人叫作"不系之舟"，没有绳子牵着他，多么自由自在。一棵树因为大家不去砍它，它活下来了。为什么不砍它？因为它长得歪歪扭扭，长得是歪的，不能做材料，没用。这就是庄子说的"无用之用"。当然老庄试图建立一整套哲学，或者说一整套生活观念。卡夫卡没有这种意图。但是我相信，他们在很多地方是相通的。

还有鲁迅。鲁迅和卡夫卡两个人互相不认识，也互相不了解。但是我写过一篇文章叫《鲁迅与卡夫卡》。我认为他们俩非常相近。他们对希望，对过去和未来，对于言说，就是话语本身，看法有相似的地方。他们得的病都差不多。他们的思维习惯，对于绝望和希望之间的"虚妄"问题的看法是相通的。所以也不见得说，卡夫卡一定要精通韩愈，一定要知道布朗宁，一定要知道罗伯特·瓦尔泽，后者才会成为前者的先驱，不一定。博尔赫斯的意思是说，正因为有了卡夫卡的写作，前面那些不被人注意的作家及其文本的意义才开始凸显出来。

这里还要说到另外一个人，我个人觉得他是卡夫卡的精神导师，或者可能是对卡夫卡影响最大、心灵上跟他最亲近的人，这个人就是陀思妥耶夫斯基。为什么这么说？因为卡夫卡日记，包括他和马克斯·布罗德[1]的谈话，很多地方，他谈到陀思妥耶夫斯基的写作对他意味着什么。他十九岁的时候，就在通往自杀的道路上飞奔，这是卡夫卡的语言。在通往自杀的道路上飞奔，眼看就刹不住车了。他觉得没有办法，没有力量把他托住，一个人在下坠，最后托住他的人就是陀思妥耶夫斯基。西方有一种说法，认为古往今来，如果在人类小说家里面挑选一位最伟大的作家，很多人公推陀思妥耶夫斯基。我认为是有道理的，我个人对陀思妥耶夫斯基也是非常喜爱的。当然，很多

---

1 捷克德语作家、剧作家。1924年卡夫卡过世后，他没有按照卡夫卡的遗嘱毁掉他的手稿，而是将其逐一编辑出版。

人觉得托尔斯泰已经非常了不起了，可是回去看一看《卡拉马佐夫兄弟》，托尔斯泰就显得轻了一些。阅读陀思妥耶夫斯基的作品，你不仅会受到启示，获得反省生活的契机，同时也会强烈地感受到信仰和真知的力量。在现代文学家中，这样的作家绝无仅有。

这样就结束了第一个部分。讲到卡夫卡的先驱，寓言的性质，卡夫卡是一个什么样的作家，等等。卡夫卡并不是我们所听说的那种作家，什么批判资本主义和官僚机制，建立一个清明的政治国家、民主国家，建立一个美好的社会……卡夫卡从来没有这样说过。

他也并不认为这个社会可以被改造得更好，他从来不这样认为。他并不认为这个社会换一个政府，换一个国王，或者换一个什么人，或者是把制度改掉，就会解决什么问题。不是这样。

而且卡夫卡从来不说教，他从来不在文章里面告诉你，你们都向我看齐，我感到虚无了，你们也虚无吧。他没有这样。甚至当有人问他这个世界还有没有希望的时候，卡夫卡和鲁迅的回答是一样的，他说：我说没有希望，只不过是对我而言，你们有没有希望？你们有太多的希望了，只不过你们的希望不是我的。鲁迅先生通常也这么回答，他自己很绝望，但他不忍心年轻人也绝望。有位美国诗人把卡夫卡称为"圣徒"，我也觉得他当之无愧，确实是一个圣徒。他的作品里面充满了对基督、对上帝的怀疑。反过来也可以说卡夫卡所有的小说都产生于对上帝的某种呼唤，他在寻找这个东西。

刚才家新说卡夫卡是原创性的作家，非常对。确实是，非常多的方面他都具有原创性，而且跟那些挂羊头卖狗肉，自己根本搞不清楚这个世界是怎么回事，就来教训别人、教别人怎么生活、谈理想谈人生、为我们所不齿的那些作家完全不同。他非常谦卑，他对世界没有什么整体性的把握，他根本不知道这个世界的希望在哪儿。他试着说出一点点，非常谦虚地说出一点点，如果你幸运，就能够从卡夫卡的作品里面看到从天堂射下来的一点光。如果你看不到也无所谓，他也没有强迫你。甚至最后卡夫卡告别世界的时候，希望把自己所有的作品付之一炬，全部烧掉，不要给别人留下，贻害大家。这是一个圣徒式的作家，非常了不起。

接下来要讲几个小问题，看一看卡夫卡是怎么描述、建构世界的。

正如我们所说的他的"钟摆"的概念，或者是"寓言"的概念，卡夫卡的小说难就难在他不是通过一个正常的故事来告诉我们什么道理，让我们能轻易地看懂。好比日常生活的一个故事，故事看完以后，归纳一下这个故事说明了什么问题，能得出一个什么结论，好像有一个什么衣架子可以把衣服挂上去，卡夫卡没有提供这个东西，你挂不上去。那么你能不能理解，完全取决于两个方面：

第一，你对卡夫卡作品的形式是否了解。

第二，你对卡夫卡的经验，表达的经验有没有共鸣，有没有认同。

有的时候，我们没有认同，可是有的时候，又会感觉到我们和卡夫卡完全一样。匈牙利有位学者叫卢卡契，是西方马克思主义的代表，虽然是一位非常重要的学者，但他经常说一些很随便的话。

有一则传闻说，卢卡契曾将卡夫卡描述为"一个颓废的现代主义者"，直至他本人在苏联的大清洗中落难，才改变了自己的看法。他将卡夫卡称为"伟大的现实主义作家"，言下之意，卡夫卡笔下的那种荒诞命运也开始降临到了自己头上。因此，读者对一个作家的认同，学识当然很重要，更为重要的是经验层面的共通性。还有一个例子，就是爱因斯坦。这个人趣味广泛，做物理学，对哲学很了解，对音乐也精通，会拉小提琴，当然他也不会轻易放弃对小说的爱好。当他听说卡夫卡是那么有名的一个作家时，就从他的朋友那里拿了一本卡夫卡的《城堡》或者是《审判》，回去阅读。过了一段时间之后，爱因斯坦把书还给那个朋友，缴械投降了。他说：卡夫卡的大脑太复杂了，我这样的人也许是不可能读懂的。

所以，我觉得能不能理解，取决于两个因素：我们是不是了解他的方法。另外，从经验层面来说，我们跟他有没有认同感。

当然第二个层面，经验层面，我不能帮大家的忙，因为这是生活，你们的命运会引导你们，生活会告诉你们，你们到底需不需要卡夫卡。如果生活没有告诉你们需要卡夫卡，我觉得你们很幸福，就不要去想了。

我要和大家讨论的是第一个方面，就是他的方式是什么。如果一个人，假如到现在还没有读过任何卡夫卡的文字，又想了解这个作家，最好读他哪一篇小说呢？很多人可能推荐《乡村医生》，我们中国的很多教材，基本上选的就是《乡村医生》，可能也有人选《饥饿艺术家》，但我推荐的是《判决》，这是他最短的作品，非常短，翻译成中文三四页，也是他的代表作。这篇小说保留了很多传统小说的技法。《乡村医生》我们一开始看不懂，《乡间婚礼筹备》创作比较早，进入很困难，但是《判决》比较好读。另外这篇小说也包含着卡夫卡非常重要的奥秘，他后面涉及的很多主题，这里面都涉及了。

所以，我讲的第一个方面就是"父亲和儿子"。这是卡夫卡非常重要的一个主题，可能也是最重要的主题，就是父子。什么是父子？

在社会的某种话语之下，当然会认为父亲和儿子是一种伦理关系。那么父亲和儿子的关系，是怎么被确定下来的呢？当然是文化和话语的结果。比如意识形态，一般的社会伦理，我们的传统，都做了规定，你接受的是遗产。

假如卡夫卡的父母很爱这个孩子，假如他的母亲不是死的那么早，假如他和他的父亲两个人很和睦，我可以告诉大家，卡夫卡和我们一样，他会是一个很平庸的人。他的不幸和幸运，恰恰在于他有这么一个父亲，同时他又非常敏感，这个问题实际上萦绕了他的一生。

《判决》怎么写的呢？我大致说一下。我认为它涉及卡夫卡非常重要的隐秘在里面。格奥尔格这个年轻人和他的父亲经营商业，有一天坐在阳光明媚的家里，突然想给在彼得堡的一位朋友写一封信。

格奥尔格是布拉格人。那个朋友离开了自己的国家，去了俄国彼得堡，经常写信告诉他那边的生活，也曾经和他流露过你不要待在那个地方，出来吧，到俄国来。但是格奥尔格一直不理解，一个人为什么要离家出走，为什么要离开他熟悉的家庭，离开他的朋友，到一个完全陌生的地方去。当然，他们的通信时断时续。

直到有一天格奥尔格订了婚，他告诉未婚妻，说：我有一个朋友在彼得堡，要不要把我们订婚的消息告诉他？这个女孩子说：当然要告诉了，你不告诉他怎么行呢？既然是你最好的朋友，应该如实告诉他。格奥尔格说：好，既然这样就给他写一封信。便把信封封好，准备到邮局去寄给这位朋友。

就在给朋友寄信的途中，经过他父亲的房门，顺便去看他的父亲，他的父亲已经很衰老了，坐在椅子上。他父亲问：你干吗去？他说：给朋友写了一封信。父亲说：什么朋友？儿子说：你不记得了吗？小时候到咱们家来玩过，你还跟他讨论过问题，后来还提到过他。父亲说：我不记得这个人了。儿子说：我要把订婚的事情告诉他。父亲勃然大怒，非常不高兴。格奥尔格要把父亲扶到床上去，给父亲盖好被子，让他好好休息。可是他的父亲脾气越来越坏。父亲最后跟他说：你是不是要寄信给俄国彼得堡的那个朋友？你要知道，你们两个所有的通信，我都知道得清清楚楚，而且你在跟他写信的同时，我也在给他写信。他左手拿着你写的信，右手拿着我写的信，我就是你的朋友派在这个地方的总代表。你们看这部小说，到这个地方已经很有点超现实了。

这个父亲为什么要这样做呢？父亲对他说，你现在没有良心，你把这个企业都变成你的了，我已经完全没用了。可是我还有一点力量，我还能制服你。因为你的母亲也希望我这么做。然后格奥尔格不断地安慰着父亲，就在安慰父亲的一刹那，他明白了一个道理，他认为那个朋友离家出走是对的。他终于理解那个人为什么要离开家，还有，所谓的家庭到底是什么。当然里面有很多争论，带有高度的抽象性，大家可以看小说。

那么在卡夫卡的眼中，父亲是一个什么样的角色呢？第一，迟钝；第二，衰老；第三，衬衫的领子是肮脏的。这是一个既肮脏又衰老又迟钝的父亲，可是父亲手里还有力量，他会歇斯底里。父亲跟儿子不断地争执，最后父亲说：你不要以为你能控制，我现在还有力量控制你。父亲说，我现在就判决你，惩罚你现在跳河自杀。儿子从楼上下来，看见他们家的保姆睁大眼睛看着自己，就跑到河边。他想，他父亲已经判决了，那他就跳下去。他还选在公共汽车经过的时候，能够把他落水的声音遮挡住的时候，跳下河去默默地死掉了。

大家听了这个故事以后觉得很荒谬，首先这里面非常重要的"离家"的主题，在卡夫卡以后的小说里面经常出现。

其次，还有一个更大的问题，就是他和父亲关系的问题，父亲形象的问题。父亲是什么？对卡夫卡来讲，父亲就是官员，他们肥胖、臃肿、愚蠢、肮脏。这就构成了很大的冲突。所以卡夫卡是通过家庭来描写社会的，他最终要描写的是什么？就是社会运行的基本机制。

这个社会的机制是什么？我们这一群人在一起合作，最后不得不死。社会就是一个大转轮，每个人都在帮助它转动，但它为什么转动，是存在的奥秘，用康德的话来说是不能思考的。所以列夫·托尔斯泰说得很极端，他说：有些人永远不会为自己生活，连一分钟都没有过。

可是这样的生活值得过吗？卡夫卡不断地问自己这个问题，为什么我要在这个机制里面呢？我这么痛苦！所以，他是通过一个家庭作为一个象征，以一个很小很小的组织作为蓝本，来推测、认识和描述周遭世界的。他说：一个人在家庭里面，都是为家庭成员而生活，更重要的是他不能自己解雇自己，说不干了还不行。

你们刚才听了我讲《判决》这个故事，可能有一部分人会问：父亲叫他去死，难道就要去死吗？他为什么不能置之不理或者奋起反抗呢？这里需要注意的是，我们需要从寓言的层面上加以理解：父亲不仅拥有权力，同时他还是一个比权力重要得多的社会文化机制的代言人——父亲尽管已经老得不能动了，但他的权力无处不在。在某种程度上，伦理、道德和社会话语，构成了文化上的规定性。它强迫我们，当然同时也在保护我们。

童年或少年时代的卡夫卡，由于家庭环境的特殊性，他与生存的社会性之间过早地产生了一个巨大的裂隙。换句话说，假如他有一个非常温和的父亲的话，可能这个作家就会消失。这也涉及我最后讲的问题，就是卡夫卡之所以成为卡夫卡，最重要的原因是他挥之不去的失败感。

如果一个人不失败的话，这个人永远不能成为王家新刚才讲的那个"先知"，不会写出好东西的。所以一般的普通人不要羡慕那些大作家、大音乐家、大艺术家。你应该想，好在我不是他们，这些人都是真正意义上的失败者。因为失败，他们窥探了这个世界一般人无法窥探的秘密。

实际上在卡夫卡之前，托尔斯泰和陀思妥耶夫斯基这两位大师不约而同地都对这样的问题进行了非常深刻的思考。

我跟很多人都说，托尔斯泰写《安娜·卡列尼娜》，根本不是写什么婚外恋，他写的就是绝望，就是空虚，就是上帝死了以后，上帝作为原来可以阻挡你的烦恼、绝望和虚无的墙被突然拆走了，取而代之的是现代法律制度、科学，是这样一些新玩意儿。用这样的东西取代上帝的时候，托尔斯泰和陀思妥耶夫斯基态度是一致的。他们质疑现代，当然他们也不会简单地将自己交托给上帝。这里面就出现了一个新的问题，怎么办？托尔斯泰将自己变成了一个虚无主义者，但陀思妥耶夫斯基的思考却有所不同。

有一次，华东师范大学的一位俄罗斯文学教授去外地出差，临行之前给我打电话，说：我的下堂课要讲陀思妥耶夫斯基，听说你也是研究陀思妥耶夫斯基的专家，你去替我上一次课。其实我就是了解一点皮毛，根本谈不上什么专家。我当时冒失地答应了。我说：好，我代你去上一次课，反正都是中文系的学生。

那么上课之前，我就要先看一看他的小说，因为人名都记不全了，上课怎么讲呢？就把他的《罪与罚》拿出来，放在我的写字台上。我一边吃晚饭一边看,什么拉斯科尔尼科夫,什么油漆匠、寡妇、高利贷者等都要弄清楚。但我在边吃饭边看的时候,不知道时间怎么过去的,完全不知道了。就把饭放在一边在那儿读书,等我把书读完,已经是第二天早上6点钟了,饭就吃了一点点,全凉了。为什么我会在那样一个晚上突然被这样一部小说抓住,根本放不开?当然不光是因为他写得好,像读金庸那样,永远被下一个悬念而吸引,不是的。我没有想到要放弃,根本就无意识。因为在当时我个人的精神上遇到了很大的问题,而且我认为这个问题是没有办法解决的。

然而我看了《罪与罚》以后,看着看着就发现,这本书就是陀思妥耶夫斯基专门为我写的。作家为了不让别人知道这个秘密,在书中使用了只有我和他两个人才懂得的密码。我这么说是严肃的,文学本来就是一种秘传的经验。所以,我非常理解卡夫卡说的,为什么看了陀思妥耶夫斯基的作品以后会有那么多的感受。他会觉得世界上终于有一个人跟我一样,他的情感、方式,他遇到苦难的心理结构跟我完全一样。《卡拉马佐夫兄弟》也是这样的。《卡拉马佐夫兄弟》里面有一个非常重要的问题,他认为世界由成人世界和儿童世界两个部分构成。成人世界是没有希望的,为什么?因为成人就是上帝。因为你们都成人了,知道这个世界怎么回事,你们偷吃了智慧树上的果子,而孩子们还生活在伊甸园里面,他们还是受到引诱前的亚当和夏娃，还没有吃那个果子。那么这些大人通过社会的法律，通过社会的教育，要把这些小孩从那样一个非常纯朴的状况之下，变成跟他们一样的成人，是不是有点残酷？

所以，陀思妥耶夫斯基在作品里面做了非常多的辩证思考。比如他小说里面有一个非常重要的，代表着人类美好理想的小孩，就是阿辽莎。卡拉马佐夫家里充满了罪恶，他们家三个儿子，老大、老二都有严重的精神危机，正面的形象就是这个阿辽莎。这个小说里面还有一个佐西马长老，代表着陀思妥耶夫斯基本人的一部分思想。他所有的这些东西都涉及父辈和孩子之间关系的问题。因为我们已经成人，我们都知道这个世界是什么样的，我们自己就是上帝。上帝是什么？卡夫卡说，我们为什么那么肮脏，那么糟糕，那么容易欺骗？因为上帝在造我们的时候，他预先就考虑到这一点了，所以我们和上帝是没有区别的。倒是那些还没有开化的，还无法无天的小孩子，他们能透露这个世界非常美好的东西，这是陀思妥耶夫斯基的看法，当然也是卡夫卡的看法。

当然，陀思妥耶夫斯基是通过复调对话，气势磅礴地直接告诉读者，非常雄辩。卡夫卡没有采取陀思妥耶夫斯基的这种方式，他采取的是寓言的方式，一般人很难接受。还有一个人，就是弗洛伊德。弗洛伊德也是一个很重要的理论家，他在心理学方面的发现后来被拉康、被很多研究文学的学者所用。在弗洛伊德看来，孩子是生活在天堂里的，他们不太善于使用智慧，也不去分辨是非善恶，什么事都敢做，没有烦恼。大人要对他们进行规训，要不断地训练他们，让他们知道什么是对的，什么是错的，这是一个漫长的过程。这样的一个规训过程，当然是一个异化过程。就是孩子脱离自身变成非我，他在学习，他在学习别人的东西，游离了孩子的特质，变成了另外的成人。当然卡夫卡在这方面也涉及了。关于父与子的这个部分就暂且说到这儿。卡夫卡怎么通过孩子和成人世界，通过一个家庭，通过父子紧张关系，去描述社会中他的这种绝望，这种机制、话语、国家机器对人的制约。

如果我们将家庭关系这一内核放大到整个社会，那么社会这个庞大的机器在运转过程中想必会变得更为精细而复杂。有许许多多的齿轮在帮助这台机器维持运转，任何一个微小的齿轮发生卡顿，都会给如同尘芥的个体带来不适、痛苦、眩晕和悖谬感。用海德格尔的比喻来说，那是一种关门夹住手指时所产生的非理性情绪。卡夫卡在说自己运气不好的时候，指出了一个我们习焉不察的事实，那就是，对于运气好的人来说，他们在一生中，从未或极少被门夹住手，因此不必时常面对自己的非理性情绪，也无须对生活本身进行沉思或质疑。至少在卡夫卡看来，这样的人是存在的，他们就是日常生活中的大众。而他对于这样的人，心情矛盾而复杂。为什么对别人来说并不构成问题的小小障碍，却会将我击得粉碎？卡夫卡时常这样自问道。只有当一个人被社会这个转轮甩出来的时候，他才会成为真正意义上的个人。只有当一个人经历失败，只能以痛苦和孤绝感为食料的时候，才会理解这个世界向我们呈现的荒谬感。

另一个问题涉及卡夫卡的寓言世界，我称之为"沉默的世界"。

为什么我刚才说，我们被惩罚，不仅是因为我们无罪，还因为我们无知？我们对这个社会确实无知，因为你不了解这个法律、规则或社会话语是怎么被制造出来的。这对卡夫卡来说，同样是一个非常重大的问题。就是世界、真理、上帝，所有你需要认识的核心，全都对你保持沉默，它不说话。举一个卡夫卡小说里面最著名的寓言，就是在法院面前，来自他的长篇小说《审判》里面的一小段。简短地说一下，他是通过一个神父之口说了这个故事。

他说：有一个乡下人从大老远的地方来到法院要打官司。当他来到法院门口的时候，看到法院门口有一个看门人。他就和看门人说：我要进去打官司。看门人说：你不能进去。他说：我要打官司，要进法院。看门人就说：我没有得到任何命令和许可允许你进去。他说：那我怎么办啊？看门人说：你等着。这个人就站在法院门口等着。从天亮等到天黑，他没有办法进去。这个看门人说，我并不是唯一的看门人，里面还有很多的看门人，你即使过了我这关，后面的无数关可能也过不去，所以我劝你打消去法院的念头。那个人说：不行，我要进法院。看门人说：你等着，等到什么时候有命令允许你进去，我会通知你进去的。这个人就等着，第二天又来了，第三天又来了，永远没有得到同意他进去的许可。最后看门人和他也混熟了。他从家乡带了一点土特产，像一般人所想象的那样来贿赂看门人。看门人照单全收，而且在收礼物的时候说了一句非常有意思的话，说：我收你的礼物，并不意味着我会帮你的忙。我为什么要收你的礼物呢？无非是想告诉你，你为进法院所应使用的计策，你都已经使用过了，我不让你留下遗憾。你看，你贿赂我了，我就收下来。如果我不收，你好像会觉得，是不是我礼物没送到家。现在告诉你，我收下了，你不要抱什么希望，还是回去吧。从这个看门人的语调中我们可以感觉到，他对法院或世界的秘密还是知道一点的，这个人身上也有上帝的气息。他竟然违规隐隐约约地透露了一些秘密，可乡下人还是不相信，还是要等。

最后看门人同情他，给他拿了一个小板凳，让他坐在那儿。这个和韦克菲尔德的故事有很多地方相像。韦克菲尔德住在一个旅馆里面，他不愿意回家，拖了二十年。这个人为了进法院的门等了一辈子，最后他的胡子、头发全白了，苍老不堪，最终还是没能进入法院。这个人也不是傻子，他坐在这个地方也在思考一些重大的问题，他思考了什么问题呢？看门人看他快要死了，就剩一口气，马上要进入另外一个世界了。看门人很同情地看着他，他招招手，叫看门人过来，他说：我有一个重要的问题要问你。看门人说：什么问题？他说：很多人都千方百计地要进入法院，每个人都从很远的地方来到法院的面前。但是很奇怪，我在这个门口坐了一辈子，怎么没有看见一个人进过法院的门打过官司呢？看门人看到他要死了，就把谜底告诉他，回答说：很简单，这个法院就是为你一个人开的。现在你死了，我可以把门关上了。这就是他的回答。

从某种意义上来说，我们每个人都有每个人的法院。不能说法院怎么对他公平，对我不公平。谁告诉你法院要对每个人都公平的呢？怎么一个人生活得好好的，为什么地上突然有一个洞，我掉下去摔伤了，我怎么这么倒霉？因此，卡夫卡"法院是为你一个人开的"这句话值得认真思考。

卡夫卡写的悲惨的世界，虚无的世界，从来不是统计学上的：这个世界多么荒芜，多么虚无。一个人倒霉，是他自己的运气不好，或者说他的上帝心情不好。

卡夫卡说过，人类有很多的缺点，其中最重要的一个缺点，就是我们已经失去了耐心，我们把所有的事情都想得很简单，特别是年轻人。卡夫卡笔下有很多这样的人，实际上，对我们来讲，这个世界既非我们想象的张着血盆大口要一口吃掉我们，像福楼拜笔下的羽毛丰满的资产阶级吃掉爱玛一样,也不是说这个世界就像玫瑰花园一样,什么事情都被上帝安排得停停当当。

卡夫卡小说中我最喜欢的,就是他的《城堡》,我认为它比《审判》写得更好。他的长篇有三部,《审判》《城堡》《美国》,三部作品之间有着清晰的联系。

《城堡》里面写的 K. 这个人,是一个土地测量员,跑到城堡所在的村庄测量土地。工作是人家请他来做的,他就来了。来了以后,人家告诉他:"我们并没有请你来。"他说:"不可能,你们专门有文件。"拿出文件核对,证明这个地方确实请过他,然后就找村长,找一些当官的,总算有人能证明说:"这个地方好像也请过一个土地测量员,那么你不妨就工作吧。"他就开始工作。工作的过程中遇到所有的问题都没有办法解决,这个 K. 就着急了,他觉得我生存在这个世界的合法性是不言自明的,你们请我来,我工作,我踏踏实实做好我的工作,不就可以了?怎么会弄得我寸步难行呢?

请注意,他要求解决的第一个问题,就是他存在的合法性。我们很多人会像 K. 一样天真,认为存在的合法性问题是小得不能再小的问题,实际上,卡夫卡的寓言已将它改造为生死攸关的终极问题。当然,到小说终止,这个问题也没有解决,甚至毫无进展。

在《城堡》里面,这个 K. 就是一个急性子的人。他要获得工作的合法性，人家跟他讲，最好的办法就是去找城堡的官员。K.就想，算了吧，我不工作了吧，既然不要我，我走还不行吗？离开这个地方，另外换一个工作。有一天来了两个陌生人，对他说：我们是城堡方面派来给你当助手的。既然城堡给他派来了助手，说明城堡对他的工作是认可的。至少可以证明，他确实受到了邀请。K.问这两个助手："谁派你们来的呢？"助手就像两个小动物一样，嘻嘻哈哈，摸摸自己的头发什么的，却说不出个所以然。卡夫卡笔下的助手写得非常可爱，像动物一般可爱。最后他们告诉K.说，管事的这个人叫克拉姆，你要能找到克拉姆，就能解决问题了。可是怎么才能找到克拉姆呢？有一天晚上，他突然收到一封信，给他写信的这个人，署名就是"克拉姆"。在信中，克拉姆嘱咐他要勤奋工作。读到这里，我们终于可以了解K.的处境中隐藏着的那个悖论：村庄里所有的人都不搭理他，他的工作都没有办法展开，可是一个名叫克拉姆的人又写信给他，鼓励他好好工作，而且还给他派了两名助手。这都是矛盾的。这个悖论的实质是，K.没有办法工作，但他也不能自己解雇自己，从这个村庄离开。因此，我们可以想见，对于K.来说，这个时候唯一的办法，就是尽快找到克拉姆本人。怎么找呢？他们知道克拉姆有一个情妇，这个女孩子叫弗丽达，所以他要想找到克拉姆，必须要先攻下这个情妇。当然他最后攻克了。

关于K.和弗丽达在酒吧厮混这个情节，米兰·昆德拉曾经做过阐释，他认为这一段写得很淫秽。两个人抱着，滚在了桌子底下。他试图通过与弗丽达的恋爱，来获取这个女孩子的芳心，想通过她接近克拉姆。这个女孩子给他想了一个办法，说：克拉姆现在就在房中。虽说你不能打扰克拉姆，但是我可以让你从锁孔里面看一眼。K.就跟随弗丽达，来到一个房间门口，将锁孔拨开。他果然看见一个男子坐在里面，但只是背影，看不见脸，坐在那里很威严，很像是上帝。长话短说，他没有见到克拉姆的正脸。后来，他得到可靠的讯息，赶到一个村庄去见克拉姆，结果与他会面的是另外一个官员。最后，这个小说出现了一个疑问：这个克拉姆到底存不存在？不知道。或者也可以这样理解，任何一个官员都可能是克拉姆，也可能不是。这个小说的情节永远停在起点上。

当然这个克拉姆也可以被理解为上帝。谁都没有见过上帝，但上帝依然存在着。存在的是上帝的"迹"，而不是"体"。你没有见过上帝本人，但这并不妨碍上帝向你发出指令。就像韩愈在《获麟解》中所讨论的，谁都没有见过麒麟，但麒麟依然存在。只是，上帝的存在有两个基本形式，一是沉默，二是自相矛盾，也就是悖谬。在《城堡》中，这两个方面都涉及了。

最后我们来谈一谈《城堡》中的另一个故事，也就是奥尔加一家的命运叙事——K.在寻找克拉姆的过程中，认识了一个美丽姑娘奥尔加。然后他就听说了奥尔加一家人的命运。

奥尔加是怎么回事呢？她的父亲，开了一间鞋铺，卖鞋子，同时也是一个什么小机构的头头。他们一家人引以为豪，自认为这个家庭的利益，与城堡当局的意志是一致的。换句话说，他们自作多情地将自己看成是城堡的人。因此每当城堡举行重大庆典和节日的时候，奥尔加和她的妹妹都会穿上美丽的裙子去参加政府的活动。

可是有一天来了两个官员。其中有一位突然看中了姐妹俩。通常，一般的官员看见比较漂亮的少女，对她们动了心，至少还要伪装或掩饰一下。但是这两个官员没有任何耐性，他们直接跨过救火的器材，要来抓这两个女孩子。事情发生得非常突然，这两个女孩当中年龄比较大的奥尔加，她已经从儿童变成了成人，比较老练了，她当然知道对方粗暴的行为是为了什么，以及对于这种事她应该做出怎样的反应。可是她的妹妹阿玛丽亚还是一个孩子，她对成人世界的丑陋还没什么概念，所以她就大胆地反抗。当然弄得那个官员下不来台，罪过和惩罚相继出现。

后来这个官员派他的信使送来一封非常下流的求爱信，充满了下流的句子。官员从来不隐瞒自己的欲望。如果这个信到了奥尔加手中，奥尔加或许会照办。因为从家庭的角度来考虑，她知道这个官员是不能得罪的。可是阿玛丽亚这个小孩不管他，拿了信就撕碎了，扔掉了。当然这一家就倒霉了。

那么，卡夫卡是怎么来描述这一家人的命运的呢？从表面上来说，什么事都没有发生。没有任何人谴责他们，也没有任何官员提出要责罚他们。城堡是沉默的，但从实际的情况来说，惩罚已经开始了。因为村子里所有的人都不跟他们家来往，他们家的鞋子一双也卖不出去。因为人们纷纷传言他们得罪过城堡，所有的人都和他们保持距离。一把剑悬在头上，但就是不落下来。中国人说："引而不发，跃如也。"这一剑要是落下来，至少还有个结果，但引而不发，弄得你每天都睡不着觉。用城堡的语言来说，不惩罚就是一种极其严厉的惩罚。我们说城堡当局是沉默的，它不说话，不说你有罪，也不说你没罪，一切都被搁置起来，但这个家庭已经开始遭难了。村里所有的人都排斥他们。对城堡当局而言，沉默或不惩罚就是最厉害的武器。不说你有罪，当然就没有赦免的机会。

好吧，这个家庭很清楚，既然无形的惩罚已经来了，要获得赦免的前提，第一步先要证明自己有罪。所以这一家人都在奔忙，为证明他们自己有罪而奔忙。这是卡夫卡有点喜剧色彩的主题。用昆德拉的话来说，就是惩罚寻求罪过。这个主题承袭了《审判》的动机，在《城堡》中再次被书写。不过从另一个层面来说，卡夫卡对早期基督教关于原罪的主题做了非常重要的改造，也就是说每个人生来就有罪。

我们也不要认为,卡夫卡的叙事与我们一点关系都没有。我们的处境与卡夫卡笔下的人物命运多少也有点关系。举例来说,我们在日常生活中,脑子里有了一个不好的念头,也会立刻受到内心某个声音的惩罚。我们做了一些不太好的事情,虽然无人知晓,但总有一个无形的审判官在谴责我们,威胁我们,让我们睡不着觉,让我们忧郁乃至崩溃。决定我们是否有罪的高高在上的权威,通常有三种形式:上帝、法律、道德或良心。而道德和良心的惩罚,是一种自我惩罚。那么良心或道德又是怎么来的呢?它作为一个管理我们欲望的审判官,是如何进入我们的意识的呢?这个问题我就不讲了,大家自己去思考吧。简单来说,任何一个有欲望的人,或多或少,都免不了良心和道德的惩罚。这么说,卡夫卡在这个层面的思考,与我们还是有关系的。前面已经说过了,我不主张将卡夫卡神秘化。他的作品,我们实际上是完全可以理解的。

还是回到《城堡》。这个家庭如何才能为自己脱罪呢?奥尔加有个弟弟,名叫巴纳巴斯。这个巴纳巴斯最后在城堡中谋到了一个非常重要的职位,就是信使。既然是信使,说不定就有机会接触到克拉姆。所以K.就来贿赂这个巴纳巴斯,希望他带自己去见克拉姆,然后为自己在城堡里面做土地测量工作提供方便。但问题在于,在巴纳巴斯看来,自己不过是一个卑微的信使,而K.是属于城堡请来的客人,作为外来者,其身份比较特殊。巴纳巴斯也希望贿赂这个K.，并取悦于他，通过K.的关系，来接近城堡当局，从而帮助家庭来脱罪。

由此我们可以知道，K.与巴纳巴斯的关系是十分诡异的——两人都将希望寄托在对方身上，从而构成了一个悖论式怪圈。

世界的沉默，还有一种类型，这涉及局部和整体的关系。也就是说，从局部来说，我们是自由的，我们的境遇是可以理解的，或者说可以解释的，但作为整体，它是沉默的。卡夫卡写过一篇听上去与中国有点关系的小说，叫作《万里长城建造时》。前面也讲到，卡夫卡有时候也关注一点中国的东西，比如他研究道教，研究老庄，但《万里长城建造时》这篇小说与中国历史没什么关系，卡夫卡只是在想象中借用长城这个意象来表达他对世界的认知。世界是什么？世界就是长城。它是一个巨大的工程，从头到尾历时很多年，你根本看不到它的边际。因此，长城是世界整体性的一个象征。

什么是我们局部的生活呢？我们的生活，就是像修筑长城的人一样，每个人打交道的对象是每一块砖、每一块石，你只能看到砖、看到石，看不到长城的全部。在你的有生之年你就死掉了，长城还没造好。为什么要造？造它干吗？长城是什么样的？你都看不到，也无法理解。你看到的就是一个局部，或者说局部的局部。这是卡夫卡的寓言。

我们今天再重新读《万里长城建造时》的时候，大家有没有想到后来的现代主义作家所描述的流水线上作业的个人？一个工人在工厂里面，在流水线上工作，当传送带到你这里，你就拿一个螺母，拧在螺丝上。很快，下一个零件又来了，周而复始。在整个工作的过程中，你甚至看不到产品的整体，也没有过去手艺人完成一个器物的满足。整体你看不到，你看到的仅仅是局部。如果整体看不到，局部就不好理解。这就是现代社会的劳动分工所带来的疏离感。过去我们做面包，麦子是自己种，自己磨成粉，把面包胚做出来，做完以后烘，烘完之后自己享用。整个过程，你觉得生活是很有意义的。这个意义很清楚，从种子发芽到最后的收获，劳动的目的和意义，都看得很清楚。而在现代社会，整体是缺失的。用亚当·斯密的话来说，即使是一个缝衣服的针，都会通过无数门类的协作而制造出来，需要烦琐的劳动分工，而不是像过去的人那样，将一个小铁棒磨成针。加缪经常问我们同样的问题：周而复始地从事某种看不到意义的局部性工作，这样的生活值得过吗？大家可以读一下《西西弗斯神话》，我们知道加缪做了肯定的回答。这个石头推上去，滚下来，每个人都这样，没有办法。说起来是生活，实际上就是牢狱。但加缪依然做了肯定的回答。卡夫卡其实也差不多。

  卡夫卡也好，加缪也罢，他们的创作都属于现代小说。而现代小说之所以会诞生，正是为了回答这一类无法回答的问题，用本雅明的话来说，现代小说出现的最重要的目的，就是为了探寻生活的意义。而在过去的史诗或民间故事中，意义本来是自明的、先在的，无需寻找，故事或史诗的主要功能是提供忠告、训诫和道德教诲。

卡夫卡曾经写过一个小说《塞壬的沉默》，塞壬是地中海的一个水妖，但她是有魅惑力的，尤其是她的歌声。塞壬经常在黑暗的海里唱歌。有船只经过这片海域，水手听到她唱歌，就被吸引过去了，最后的结局就是倾覆。所以说，塞壬的武器就是歌声。卡夫卡说，如果是这样的话，我们还不难解决这个诱惑或困境——《奥德赛》里面的尤利西斯通过将自己绑在桅杆上，通过将所有水手的耳朵用蜂蜡塞住，就安然地驶过了这片海洋。

不幸的是，卡夫卡告诉我们，塞壬最有力的武器已经不是唱歌，而是"沉默"。她不说话了。

原来她在唱歌的时候，水手至少还知道那个地方有礁石，很危险，从而加以防范。现在的情况更糟糕。塞壬不再唱歌，一方面说明这个世界已经被祛魅，另一方面，到处都是暗礁，你的船只随时都会覆没。

在卡夫卡的作品中，除了以K.为代表的经历痛苦、失败和荒谬的人之外，还有另外几类人的存在。他们都是普通人。我前面也提到过，卡夫卡对这些人是有一点羡慕的，从中我们也可以发现卡夫卡对于这个世界的根本态度。我们简单说说这几种人，作为这个演讲的结语。

第一个类型的人是孩子。他们最可爱、勇敢，无所畏惧。就像陀思妥耶夫斯基作品中呈现的那样，看到这些孩子，就会觉得这个世界还是有救的，他们还没有来得及变为成人。《红楼梦》中的贾宝玉始终长不大，也是这个道理。在卡夫卡的小说中，所有可爱的人都有那么一点孩子气，与孩子相伴的是天真、冲动和自由，《城堡》里的阿玛丽亚就是这样。用华兹华斯的话来说，孩子实际上正是成人的父亲。

第二个类型的人，就是不敏感甚至说有点愚昧的常人。这些人虽然在生活中左冲右突，却乐此不疲，充满了各种各样的小乐趣，并有一种满足感。因为他们命运造成的某种习惯，因为不敏感，他们根本不会去追问这个世界背后的真相。所以，本雅明在《论卡夫卡》这篇文章里面，举了一个很简单的例子来说明这个问题。

本雅明说：为什么卡夫卡笔下的那些助手显得那么可爱？是由于助手的愚昧。也就是说，愚昧是前提。有一个例子可以说明这个问题，就是桑丘·潘萨和堂吉诃德。桑丘·潘萨这个人很自私，他和堂吉诃德出去替天行道，一直不忘到一个海岛上当总督，娶一大群老婆，过上好日子，他有他自私的目的。这人虽是一个农民，但也很狡猾，他知道堂吉诃德的事情行不通。堂吉诃德让人尊敬，他有着非常远大的理想。但是这个理想，在桑丘·潘萨看来，过于不切实际。桑丘·潘萨并不是一个坏人，但他是一个具有浓郁"家居伦常"气息的人。

第三个类型的人，就是类动物。卡夫卡小说里面，充满了各种各样的动物，老鼠、猴子、甲虫，等等。他特别喜欢写动物，当然卡夫卡也是有他的用意的。动物遇到的困境一点都不比我们少，可是动物没有忧虑。动物没有过去和未来，没有对于死亡和意义的思考，当然也就无所谓时间焦虑。卡夫卡小说里，有一种将人降格为动物的"向下运动"的冲动。沈从文的小说中也有类似的冲动，与卡夫卡不同的是，沈从文将人的这种动物性，作为一种有活力的自然来加以肯定。而在卡夫卡的作品里，动物性是作为人类遥远的遗存而出现的。我们知道，黑格尔曾经将无忧无虑的伊甸园称为"高级动物园"，人类偷吃了智慧树上的果子，放弃了这个伊甸园，作为交换，我们获得的最重要的东西，正是自由。可是至少对于卡夫卡小说的不幸的主人公来说，这个世界却没有任何自由可言。因此，卡夫卡给我们提供的，是一个失落的过去与渺不可知的未来之间的中间物。

坦率地讲，我认为文学艺术，特别是文学，它就是失败者的事业。诚如本雅明所说，卡夫卡小说的奥秘之一，就在于失败。正因为失败，正因为他在世界当中不断地挣扎，正因为他经历了无数的痛苦,他发现了这个世界的某种荒诞、悖谬与非理性——他的发现,先后被两次惨绝人寰的世界大战所证实。另一个奥秘是,他不顾非存在的威胁,勇敢而谦卑地承担起了这个世界的全部重负,从某种意义上来说,这一点对于我们理解卡夫卡或许更为重要。

前言[1]

1920 年，我认识了作家弗朗茨·卡夫卡。

1926 年，我参与了捷克语版《变形记》的出版。该书由路德维希·弗拉纳（Ludwig Vrána）翻译，由约瑟夫·弗洛里安（Josef Florian）出版。

1926 年夏，我为约瑟夫·弗洛里安翻译了卡夫卡《乡村医生》一书中的六个短篇小说。不过，在这些翻译成捷克语的短篇中，只有《一场梦》于 1929 年付梓，以楔子的形式收录在德国画家奥托·柯斯特（Otto Coester）以《变形记》为主题创作的蚀刻版画（共六幅）画册中。

---

[1] 此为 1951 年本书初版时的作者前言。——译者注。若非特殊标注，此后脚注皆为译者注。

也是在这段时间里,约瑟夫·弗洛里安让我整理我的日记,以及有关弗朗茨·卡夫卡的笔记,并准备出版捷克语的译本。

于是,我把记在不同本子里的日记相关段落单独列在纸上,并把捷克语的誊清稿交给了约瑟夫·弗洛里安。但是,我的作品并没有在那个时候发表,因为我和约瑟夫·弗洛里安闹翻了。

漫长、居无定所的不安岁月接踵而至,第二次世界大战带来的苦楚与当今的迷茫不安交织在一起。我经历了死一般的恐惧、迫害与监禁,动物般的饥饿、肮脏与寒冷,愚蠢的官僚暴行,见识了这个看似理智,实则以混乱为原则的世界:卡夫卡笔下暮色沉沉的影子帝国成了日常生活中再寻常不过的个人体验。

我记得他曾经对我说过:"耳朵要经过长年累月的训练才能听懂某些故事。而人——好比我们的父母,甚至所有我们热爱及畏惧的人——只有在死后,我们才能真正了解他们。"

我再一次听到了弗朗茨·卡夫卡的声音,看到了他的办公室。他的办公桌,还有窗户后面布拉格老牌旅馆"金雉鸡"的黄色墙壁。

我想起自己多年前交给约瑟夫·弗洛里安的手稿。我在我的报刊书籍中反复翻找，在自己家和朋友那儿翻箱倒柜，终于发现了当年为已遗失许久的原稿所列的德捷双语的提纲。在这一行行无比陌生却又如此熟悉的文字中，二十多岁的那个我再次浮现在我眼前。当时很多东西还不成熟。我本想换个这样或那样的笔调，可是，高大的弗朗茨·卡夫卡略向前躬的身影依然停驻在那双稚气未脱又自命不凡的眼睛里。

　　因此，能够整理、筛选并眷写旧日的回忆，我已经感到十分满足。

古斯塔夫·雅诺施
布拉格
1947 年 6 月

卡夫卡谈话录

1920年3月底的某一天，吃晚饭的时候，我的父亲让我第二天上午到他的事务所去一趟。

"我知道你经常逃课去市立图书馆，"他说，"明天来找我，穿得像样点。我要带你去见个人。"

我问他我们究竟要一起去哪儿。

我感觉我的好奇心似乎让他挺开心。可他没有回答我的问题。

"别问了，"他说，"别那么好奇，给自己留点盼头。"

第二天，还没到中午，我准时来到了他位于工人意外保险机构四楼的办公室。他将我从头到脚仔细打量了一番，打开了写字台中间的抽屉，从中取出一个用花体字写着"古斯塔夫"的绿色文件夹放在面前，并久久地盯着我。

"你干吗站着？"过了一会儿，他问道，"坐吧。"看到我脸上紧张的表情，他的眼皮细微而戏谑地抽搐了起来，"别怕，我并不想训斥你，"他用友善的语气道，"我想像同志一样与你对话。忘了我是你父亲，只管好好听我说。你在写诗。"他凝视着我，仿佛是在给我开账单似的。

"你为什么会知道？"我结结巴巴地说，"你是怎么知道的？"

"这还不简单，"父亲说，"我每个月都收到一张数额不小的电费账单。我查了一下电费大涨的原因，发现你房间的灯每天都开到很晚。我想知道你到底在干什么，所以我稍微关注了一下。我发现你一直在写作，然后又把写完的东西撕了，要不就羞愧地把它藏在小钢琴下面。有天上午趁你去学校的时候，我看了看你写的东西。"

"然后呢？"

我咽下一口口水。

"没有然后了，"父亲说，"我发现了一本写着'经验之书'的黑色笔记本。我本来挺感兴趣的。不过当我发现那是你的日记之后，我就把它放到一边去了。我不想窥探你的灵魂。"

"不过那些诗你倒是读了。"

"是的，我读了。它们被装在一个贴着'美之书'标签的黑色档案夹里。很多我都看不懂。我不得不说，有些诗写得挺傻的。"

"你为什么读我的诗？"

那年我十七岁，一点风吹草动都是对我自尊极大的亵渎。

"我为什么不可以读？为什么我就不能欣赏你的作品？有几首诗我甚至还挺喜欢的。但我想听听专业人士是怎么说的。所以我把它们全都速记了下来，还用办公室的打字机打出来了。"

"你记了些什么诗？"

"全部。"父亲答道，"我不止把那些我能读懂的诗记下来了。我想让人评断的是你的作品，而不是我的品位。所以我把它们全都记录下来，并交给卡夫卡博士了。"

"哪个卡夫卡博士？你从来没提过这个人。"

"他是马克斯·布罗德的好朋友，"父亲解释道，"《提修·布拉赫斯走向上帝之路》这本书就是布罗德献给他的。"

"那不就是《变形记》的作者吗？"我失声喊道，"那个中篇真是棒极了！你认识他？"

我父亲点了点头。

"他就在我们的法务部工作。"

"他怎么说我的东西？"

"他称赞了你的诗。我本以为他就是说说而已。可后来他让我介绍你与他认识。所以我告诉他你今天会来。"

"那就是你说的要见的人?"

"没错,你个涂鸦小子。"

父亲带我下到三楼,我们走进一间很大、布置得很不错的办公室。

两张桌子比邻而立,其中的一张后面坐着一个高大清瘦的男子。他有一头向后梳起的黑发,一只驼峰鼻,引人注目的窄额下长着一对美丽的灰蓝色眼睛,苦乐交加的嘴唇微微笑着。

"这肯定就是那一位了。"他以此代替了寒暄。

"就是他。"我父亲说。

卡夫卡博士向我伸出手。

"在我面前您不必感到不好意思。我家的电费也特别贵。"

他笑了起来,我的羞赧也随之消失了。

"这就是那个写出了玄妙莫测的臭虫萨姆沙的作家。"我失望地自忖道,我眼前见到的只是一个简朴的普通人。

"您的诗中还存在不少杂音,"父亲独自回到办公室后,弗朗茨·卡夫卡对我说,"这是青年人的症结所在,是生命力过剩的象征。所以,尽管与艺术一点关系都没有,就连这些杂音本身也是美丽的。恰恰相反!杂音会妨碍表达。不过，我不是评论家。我无法立即变成其他东西，然后再变回自己，并准确地测量出两者间的距离。正如我所说，我不是评论家。我只是被裁判者及观众。"

"那法官呢？"我问。

卡夫卡尴尬地笑了笑。

"我虽然也是法庭的工作人员，但我并不认识那些法官。我很可能就是一个微不足道的助理司法人员。我身上没有什么确定的东西。"卡夫卡笑了。虽然听不懂他在说什么，但我也跟着笑了。

"确定的只有悲伤。"他严肃地说道，"您什么时候写作？"

这个问题让我很意外，因而我飞快地答道："晚上，在晚上。白天我基本不写。我白天写不出来。"

"白天是场盛大的魔法。"

"光线、工厂、房屋，还有对面的窗户都会打扰我。不过最主要的还是光。它会分散人的注意力。"

"光或许分散的是人内心的黑暗。如果光能征服人类，那是件好事。要是没有这些阴森无眠的夜晚，我根本不会写作。可也是因此，我才一再地意识到自己被囚禁在黑暗的孤独中。"

"他自己不就是《变形记》里那只不快乐的虫子吗？"我突然有了这样的念头。我庆幸自己打开了心扉，让我的父亲走了进来。

*

卡夫卡浓密深色的睫毛下长着一双大大的灰眼睛。他棕色的脸庞总是充满生机。他用表情说话。

但凡能通过运动面部肌肉代替言词的场合，他都会这么做。展颜微笑，挤挤眉毛，皱起狭窄的额头，向前推动或努起唇尖——他就用这些动作取代言语。

弗朗茨·卡夫卡热爱手势，所以他对此使用得相当俭省。对话时，他的手势并不是对语词的重复，而是一种与之相当的、自成一体的运动语言，一种沟通方式。因此，它绝非被动的反射，而是恰当的意志表达。

把双手折叠在一起，或把摊开的手掌平放在写字台的垫片上，或在椅子上舒适却又紧绷地将上半身向后仰去，或在脑袋前倾的同时提起肩膀，或将手压在心脏上——这只是他质朴的表达方法中的一小部分。做这些动作的同时，他的脸上总是带着一丝歉疚的微笑，好像在说："这是真的，我承认我在玩一个游戏，但我希望你们能喜欢我的游戏。然后——然后我这么做的原因只是想争取你们片刻的理解。"

＊

"卡夫卡博士很喜欢你，"我对父亲说，"你们到底是怎么认识的？"

"我们是在事务所里认识的。"父亲回答说，"在我设计了摆放索引卡片的柜子之后，我们才走得越来越近。卡夫卡博士很喜欢我搭建的模型。谈话间他向我坦陈，完成办公室的工作后的下午，他要在位于卡林区波杰布拉迪街上的木工科恩豪瑟（Kornhäuser）那里'待上好几个小时'。自此之后，我们经常聊一些私人的事情。然后我就把你的诗给他看了，于是我们就成了——关系很好的熟人。"

"为什么你们没成为朋友？"

我父亲摇了摇头。"他太害羞，也太自我封闭了。"

下一次见到卡夫卡的时候，我问："您还要到卡林区的木工那儿去吗？"

"您知道这件事？"

"我父亲告诉我的。"

"不，我已经很久没去了。我的健康状况已经不允许我这么做了。我这身子太娇气了。"

"我能够想象，在尘土飞扬的车间里劳作并不是什么乐事。"

"这您就错了。我爱车间里的劳动。经过刨光后的木头的香气、锯子的歌声、锤子的敲击声,这一切都让我着迷。下午总是一转眼就过去了。夜晚的来临总让我吃惊。"

"那时候您一定很累了。"

"我确实很累,但也很快乐。没有比这纯粹、具体,又处处都能派上用场的手艺更美好的东西了。除了木工,我也做农活,有时也莳花弄草。这一切都比办公室里的徭役更美好,也更有价值。在办公室里工作看上去更加高贵,也更加体面,可其实这都只是表象。实际上人们只是更寂寞,因而也变得更加不幸。脑力劳动让人脱离人类社会,而手工劳动却能将人推到人群中去。可惜的是,我不能再在车间或花园里工作了。"

"您不会放弃您在这里的职位吧?"

"为什么不?我的梦想是在巴勒斯坦做一个农民或工匠。"

"您要放弃这里的一切吗?"

"为了追寻安定美好又有意义的生活,我愿意抛下一切。您知道一个叫保罗·阿德勒[1](Paul Adler)的作家吗?"

"我只知道他那本叫《魔笛》的书。"

---

[1] 捷克作家、记者、翻译家。曾翻译过福楼拜的作品。

"他就在布拉格，和他的妻子与孩子们在一起。"

"他是做什么的？"

"什么都不做。他没有职业，但他有使命。他带着妻子与孩子流连于一个又一个朋友家中。他是一个自由的人，自由的作家。每次见到他我都深感愧恨，我总觉得自己已经把生命溺死在保险机构的生计之中了。"

*

1921年5月，我写了一首十四行诗，路德维希·温德尔[1]（Ludwig Winder）把它刊登在《波希米亚》周日版的副刊上。

借此机会，卡夫卡对我说："您把作家描述成一个脚踏黄土、头顶苍天的高尚伟人。这当然只是小资产阶级观念中的一种寻常想象。这种由隐秘的愿望滋生出的幻想完全是与现实脱节的。事实上，作家总是要比社会上的普通人更渺小、更软弱。因此，他体会到的艰辛世事也比其他人更深切、更激烈。对作者本人而言，他的歌咏只是一声呼唤。对

---

1 奥地利、捷克斯洛伐克记者、作家、剧作家。时任《波希米亚》编辑。

艺术家来说，艺术是痛苦的，他们通过这种痛苦获得解脱，并借此迎接新的痛苦。他不是个巨人，多少只是一只因于自身存在之笼内的斑斓小鸟。"

"您也是吗？"我问道。

"我是一只非常不像样的鸟，"卡夫卡说，"我是一只寒鸦——一只卡夫卡鸟[1]。泰因霍夫街的卖煤人就养了一只。您见过它吗？"

"我见过。它总是在店前面跑来跑去。"

"是啊，我这位亲戚的情况比我好多了。它的翅膀确实是被剪掉了。可于我而言，这根本是不必要的，因为我的翅膀已经枯萎。所以，我既没有高处，也没有远方。我困惑地在人与人中间蹦来跳去，人们用极不信任的目光打量我。我可是一只危险的鸟，一个小偷，一只寒鸦。但是这只是表象。实际上，发光的东西对我来说毫无意义。所以，我甚至连熠熠发光的黑羽毛都没有。我像灰烬一般灰。一只渴望消失在石缝间的寒鸦。不过这只是个玩笑，我不想让您发现我今天过得有多糟。"

---

[1] 捷克语中的寒鸦（kavka）与卡夫卡（Kafka）同音。

*

我已经不记得自己到弗朗茨·卡夫卡的办公室去过多少次了。但有一样东西我记得格外清楚：他的肢体动作——每当我在下班半小时，或一小时前打开工人意外保险机构三楼办公室的门，我都能看见他的身姿。

他坐在写字台后面，头向后仰，两条腿伸展得很开，两手松弛地放在桌面上。费拉[1]（Filla）那幅《陀思妥耶夫斯基的读者》便略微抓到了他的姿态。画中人与卡夫卡的肢体动作非常相似。不过，这纯粹只是外在的相似，形似的背后存在着巨大的内在差异。

费拉笔下的读者是被某事而折服，卡夫卡的动作则表现出一种自愿的，因而象征着胜利的献身。他狭长的唇上带着浅浅的笑意，比起表达个人的幸福，这种微笑更像是一种遥远而陌生的欢愉的动人余影。看人的时候，他的眼睛总是略有些自上朝下。弗朗茨·卡夫卡的姿势非常独特，好像在为他颀长而瘦削的身量感到抱歉似的。他整个人的身形仿佛在说："我啊，哎呀，一点都不重要。要是您对我视而不见，就能给我带来极大的快乐。"

1　埃米尔·费拉，捷克先锋派画家。

他说话时用的是一种微弱而模糊的男中音,虽然力量与音高从不曾离开中音区,可这声音的旋律性令人惊叹。他的嗓音、手势与神情,无不散发着善解人意、和蔼可亲的宁静感。

他说捷克语和德语,德语说得更多些。他说德语时口音很硬朗,有些像捷克人说德语时的感觉。不过,这只是一种遥远而不精确的类比,事实绝非如此。

我心目中这种带捷克口音的德语很刺耳,听起来斩钉截铁的。可卡夫卡的语言从未给我留下这种印象。他的语言因内在的张力而显得棱角分明,每个词都是一块磐石。他语言的刚硬源自对恰当性与准确性的追求。所以,这也是一种个人特点的主动表现,而与被动的群体特征无关。

他的语言就像他的那双手。

他有一双强壮的大手,手掌宽大,手指细长,指甲宛如扁平的铁锹,节骨与指节虽突出,却又很精巧。

每当我想起卡夫卡的声音,想起他的微笑与那双手,我总会想起父亲的评价。

他说:"这种力量与胆怯的细致有关。在这种力量中,一切细微之物都是最有分量的。"

＊

弗朗茨·卡夫卡处理公务的办公室是一间中等大小，层高极高，又显得很拥挤的房间。其外观让人想到一家不错的律师事务所总部的那种高贵典雅。其余的设施也是如此。办公室里有两扇经过抛光的黑色双翼门。穿过其中的一扇，便可以从摆满高高的文件柜，以及总是充斥着已冷却的香烟味和灰尘味的黑暗走廊进入卡夫卡的办公室。另一扇被安装在入口处右侧墙体中的门，则通往位于二楼的工人意外保险机构正门所在的其他办公区域。不过，在我印象中，这扇门几乎从未打开过。来访者与办公人员通常只使用那扇通过走廊的门。来访者敲门的时候，弗朗茨·卡夫卡通常会以一声短促而不太响亮的"请"作为应答，而他部门及办公室的同事总是霸道而阴沉地喊一声"进来！"

他同事命令的语气试图让来访者在办公室门前就已意识到自己的渺小。那总是紧皱着的黄眉毛，梳得一丝不苟的、尿黄色的稀疏发丝中间那条一直延伸到脖子上的"虱子大道"，那高高的立领上系着的宽大黑领带，那扣子扣得很高的马甲和那双水蓝色的、略显突出的鹅蛋形眼睛与这种语气更是相得益彰。多年以来，这位同事就一直坐在卡夫卡的对面。

我记得，这位同事每次说出这声粗鲁的"进来"时，弗朗茨·卡夫卡都会微微一颤。他似乎要蜷起身子，带着毫不掩饰的不信任抬起眼睛看着他的同事，仿佛下一秒就会挨打似的。连这位同事用友善的语气与卡夫卡对话的时候，他的反应也是如此。看得出来，卡夫卡在特雷默尔面前很不自在。

因此，当我开始到工人意外保险机构找他的时候，我就问他："我们能当着他的面谈话吗？他会不会是个喜欢搬弄是非的人？"

卡夫卡博士摇了摇头，说："我不这么认为。不过，像他这样为自己的工作发愁的人，在某种情况下是会搞小动作的。"

"您怕他？"

卡夫卡尴尬地微笑道："刽子手总是不光彩的。"

"您这是什么意思？"

"如今，一个正派的、依公务条例而得到高薪的公务员就是刽子手。为什么每个令人尊敬的公务员背后就不能隐藏着一个刽子手呢？"

"可公务员并不杀人啊！"

"谁说的！"卡夫卡用力地把双手拍在桌上，回答道，"他们把活生生的、充满变化的人变成死的、无法变化的注册号码。"

对此,我只能略微点了点头,因为我明白卡夫卡博士是想通过这种概括性的说法避开他办公室同事的明显特征。他隐瞒了与离自己最近的同事之间多年的紧张关系。但特雷默尔博士似乎知道卡夫卡对他的厌恶,所以不论是于公于私,他总是用一种居高临下的语气与卡夫卡说话,狭长的嘴唇上还老是挂着一丝饱经世故的冷笑。毕竟,卡夫卡和他大都非常年轻的访客(尤其是我!)算得上是什么人物?

特雷默尔表情中的意思相当明确:我不理解,为什么像您这样一个在机关工作的法律顾问,和这些毫无地位的毛头小子谈话时要和与同阶级的人谈话一样,您还饶有兴致地聆听他们的意见,有时甚至还让他们教导您。

坐在卡夫卡对面的这位同事毫不掩饰他对卡夫卡及他那些私下来访者的反感。不过,在来访者面前,他起码还保持着一定的克制,至少在我走进办公室的时候,他基本都会离开。每逢此时,卡夫卡博士都会分外明显地长舒一口气。他露出了微笑,这可无法瞒过我的眼睛。特雷默尔让他很难堪。因此,有一次我对他说:"和这么一位同事相处可真不容易。"

可卡夫卡博士激烈地摆了摆他高举的手臂。

"不,不!不是这样的。他不比其他的公务员糟糕。相反,他比他们都好多了。他的专业知识非常丰富。"

我答道:"或许他只是想炫耀一下。"

卡夫卡点了点头道:"很有可能。许多工作能力不行的人都喜爱这么做。相比之下,特雷默尔博士真的是个很勤奋的人。"

我叹了口气:"好吧,您嘴上夸他,可您根本就不喜欢他。您夸他是为了掩饰对他的厌恶。"

卡夫卡的眼皮略微翕动了一下,他向内抿了抿下唇。我继续道:"对您来说,他根本是个异类。您看他的时候,就像在看笼子里的一头异兽。"

可此时,卡夫卡博士几乎用恼怒的眼神直视我的眼睛,以一种克制着情绪的粗犷声音轻轻说:"您弄错了。不是特雷默尔,在笼子里的人是我。"

"这就对了。这间办公室——"

卡夫卡博士打断了我:"不止这间办公室。到处都是。"他把紧握的右手放到胸前:"我的心里一直背负着栅栏。"

我们沉默地对视了几秒钟。此时传来了敲门声。我的父亲走进了办公室。紧张的气氛烟消云散。接下来我们只谈论了一些琐碎的事情,可卡夫卡那句"我的心里一直背负着栅栏"依然在我的内心颤抖。不止那一天,接下去的几周、几个月里都是如此。它像是在微小事件的余烬中不断闪动的火苗,很久之后——我相信是在1922年的春天或夏天——陡然燃起了一场燎原大火。

那时候,我经常和大学生巴赫拉赫在一起。据我所知,他只对三样东西感兴趣:音乐、英语与数学。他曾经给我解释过个中缘由,他说:"音乐是灵魂之声,是内心世界直接的声音。英语对应的是世界性的金钱帝国,数学也从中起到些许作用,但并非如此重要。数学高耸于粗重的数字力学王国之上,是一切理性秩序近似形而上的根基。"

我总是专心致志地听着他的宏论,常常发出无言的惊叹。这让他很高兴。因此,他常常给我捎来日报、书籍与剧院的门票。所以,有一次他递给我一本新书的时候,我一点儿也不惊讶。

"我今天给你带了点很特别的东西。"

那本书是英语的,书名叫《变狐女子》,作者是大卫·加内特(David Garnett)。

"这我怎么读?"我失望地问道,"你知道我不懂英语。"

"我当然知道。这本书不是拿来给你读的。这本书能为我接下来的话做证。你崇拜的卡夫卡博士现在已经名扬四海了,都已经有人模仿他的作品了。加内特的这本书就是《变形记》的仿作。"

"这是抄袭的？"我尖声问道。

巴赫拉赫举起双手表示否定。

"不，我没有这么说。加内特的书只是出发点与《变形记》类似。一位女士变成了一只母狐。人变成了动物。"

"你能把这本书借我吗？"

"当然，所以我才带着它来的。你可以把这本书给卡夫卡看看。"

第二天，因为卡夫卡不在办公室，我就到他家去了。说起来，这是我第一次，也是最后一次去他家。为我开门的是个身穿黑衣的瘦削女子。她闪闪发光的灰蓝眼睛、微微突起的鼻子与嘴的形状无不宣告着她就是卡夫卡的母亲。

我做了自我介绍，说我是卡夫卡博士同事的儿子，能不能和他说几句话。她说："他在床上，我去问问他。"

她把我留在楼梯间。几分钟后，她回来了。她的脸上洋溢着一种不需言明的喜悦。

"您来看他，他很高兴。他甚至要了点吃的。不过，请您不要久留。他很累，又睡不着。"

我答应她即刻就走。然后，她领我经过长管状的前厅与一间摆放着深棕色家具的大房间，走进一间狭窄的屋子。弗朗茨·卡夫卡躺在一张简朴的床上，盖着一条套着白被套的薄棉被。

他微笑着向我伸出手,随意地指了指床脚边的椅子。"坐吧。我可能不太能说话。我很抱歉。"

"突然登门拜访,"我答道,"抱歉的应该是我。不过我这次来真的是有很重要的事情。我想给您看点东西。"

我从上衣口袋中取出那本英语书,放在卡夫卡面前的床单上,把上次和巴赫拉赫的对话向他复述了一遍。当我告诉他,加内特模仿了《变形记》中使用的手法时,他疲惫地笑了笑,做了一个幅度不大、表示否定的手势:"啊,并没有。他可没有模仿我。这是时代里的东西,我们模仿的都是时代。比起人类,我们更像是动物,那就是栅栏。比起与人类的亲缘,与动物的亲缘要轻松得多。"

卡夫卡的母亲走进了房间。

"您需要用点什么吗?"

我站了起来:"不了,谢谢,我不打扰了。"

卡夫卡夫人看着她的儿子。他的下巴抬得很高,双眼紧闭。

我说:"我只是想把这本书送来。"

弗朗茨·卡夫卡睁开眼睛,望着天花板。他说:"这书我会读的。我下周大概就能回办公室了。我会把书带去。"

他与我握了握手,又闭上了眼睛。

过了一周,他还是没回到办公室。直到十天还是十四天后，我才能陪他一起回家。他把书还给我，说："每个人都生活在自己背负的栅栏后面。所以，现在人们才总是写动物。这表达了对自由、自然生活的向往。可对人类来说，最自然的莫过于以人类的身份生活。可人们无法看见这一点。他们也不愿意看见。人类的此在[1]过于艰辛，所以人们至少希望在想象中把它甩得远远的。"

我顺着他的思路说下去："这有点像法国大革命前的一场运动，当时有个口号叫回归自然。"

"正是如此！"卡夫卡点了点头，"不过今天，人们走得更远了。他们不只这么说，也是这么做的。人类已经重新变回了动物，这可要比做人容易多了。他们安逸地混在人群中，穿过城市中的街道去上班，去饲料槽进食，去玩乐。这是种被圈养的生活，和在办公室里没有两样。没有奇迹，只有使用说明、表格与规章制度。人们畏惧自由与责任，这就是他们宁愿在自己打造的栅栏后面窒息的原因。"

---

1 海德格尔在《存在与时间》中提出的哲学概念，指能对存在的意义发出追问的存在者。

*

第一次与弗朗茨·卡夫卡一起散步,大约是在与他初次碰面的三周之后。

他在办公室里告诉我,让我4点在老城环形路上的扬·胡斯纪念碑前等他,他会把我借给他的一本写着诗的笔记本还给我。

我按时赴约,可弗朗茨·卡夫卡几乎晚了整整一小时才赶到。

他向我致歉:"我永远无法准时赴约。我老是迟到。我也想掌握好时间,我是真心诚意地想要遵守承诺,可周围环境或是我的身体情况总把这份心意打得粉碎,让我看清自己的软弱。这很可能就是我的病根。"

我们沿着环形路走了一圈。

卡夫卡说,我的一些诗可以发表。他想把它转交给奥托·皮克[1](Otto Pick)。

"我已经和他商量过了。"他说。

我恳求他不要发表这些诗。

卡夫卡停下了脚步。

---

[1] 捷克翻译家。起初在银行担任职员,后来成了《布拉格日报》的编辑。

"所以,您写作不是为了发表?"

"不。这只是些习作,一些无法登堂入室的习作罢了。我只是想证明自己不是个彻头彻尾的傻子。"

我们继续散步。弗朗茨·卡夫卡向我介绍了他父母的商铺和房子。

"所以您是个富有的人。"我说。

弗朗茨·卡夫卡撇了撇嘴,说:"什么是财富?对于某些人来说,一件旧衬衫也是珍宝;可对于另一些人来说,一千万都算不上个数。财富是相对的,它无法令人满足。从根本上来说,它只是一种特殊情况。财富是对自己所有物的依赖;人要通过新的资产、新的依赖来避免自身所有物的流失。这只是一种被物化的不安全感。不过——这些资产都是我父母的,不是我的。"

与弗朗茨·卡夫卡的第一次散步是这样结束的:

逛完一圈,我们又回到了金斯基宫。此时,从悬挂着"赫尔曼·卡夫卡(HERMANN KAFKA)"牌匾的店铺中走出一个高大魁梧的男子,他穿着深色的上衣,戴着一顶神气的帽子。他在离我们五步的地方停了下来,等着我们。我们又往前走了三步,那人很大声地说:"弗朗茨,回家去。空气很潮湿。"

卡夫卡用一种低得古怪的声音对我说:"那是我父亲。他很担心我。爱通常也有暴力的一面。您多保重,记得来找我。"

我点了点头。弗朗茨·卡夫卡没有和我握手就离开了。

*

几天后的下午5点,我按照事先约定,在卡夫卡博士父母的店门口等他。我们本打算去布拉格城堡区散步。可是卡夫卡博士身体不舒服。他喘着粗气。于是我们只好沿着老城环形路闲逛。我们经过卡普芬街上的尼克拉斯教堂,绕过市政厅,走入小环形路。在卡尔夫书店的橱窗前,我们停下了脚步。

为了看清书背上的名字,我的头不停地在肩上转来转去。卡夫卡博士被逗乐了:"您大概也是个书虫,会被书搞得晕头转向的那种。"

"没错,就是这样。我觉得没有书我活不下去。书就是我的世界。"

卡夫卡博士紧紧皱起了眉头。

"这是不对的。书本无法代替世界。这不可能。生活中的一切都有其目的及任务,且这任务是任何其他事物都无法完成的。比如说,人的经历就不可能由别人代为体验。天下之事如此,书中之事也是如此。人们试图把生活像笼中的鸣禽一样关入书中，可这是无法成功的。恰恰相反！人类用书本的抽象为自己建造了一间制度之笼。哲学家们不过是被关在不同笼子里的打扮得五彩缤纷的帕帕基诺[1]。"

他笑了起来，可这引起了一阵沉闷而可怖的咳嗽。等缓过劲来，他微笑着说："我说的是实话，您刚才听到，也看到了。别人用几个喷嚏解决的事，我却要用我的肺来证实。"这话让我感觉很不舒服。为了抑制这种不适，我问道："您是不是着凉了？您没有发烧吧？"

卡夫卡疲惫地微笑道："没有……我从未得到过足够的温暖，所以我才会燃烧殆尽——因为寒冷。"

他用手绢擦了擦额头上的汗水。他薄薄的嘴唇紧闭着，卡在深陷的嘴角里。他的脸色蜡黄。

他向我伸出了手。

"再见。"

我什么都说不出来。

*

弗朗茨·卡夫卡收到邮局寄给他的《在流放地》的样

---

[1] 莫扎特歌剧《魔笛》中的捕鸟人。

书时，我正巧在他的办公室。

卡夫卡打开信封时不知道里面装的是什么。可当他打开那本墨绿色封面的书，认出是自己的作品时，他明显表现得很窘迫。他打开桌子的抽屉，看了看我，又把抽屉合上，把书递给了我。

"您一定想读这本书。"

我以微笑回应，打开书瞥了一眼书中的句子与纸张后，我察觉到他的紧张，于是就把书还给了他。

"书的装帧非常漂亮，"我说，"不愧是德鲁谷林出版社出品的。博士先生，您应该很满意吧？"

"真的没有。"说着，弗朗茨·卡夫卡便不经意地把书推进抽屉，把抽屉锁上了，"每次出版这些乱写的东西都让我很不安。"

"那您为什么要把它打印出来呢？"

"就是啊！马克斯·布罗德、菲利克斯·维尔奇[1]（Felix Weltsch）和我所有的朋友动不动就把我写的东西抢走，下次来的时候就拿着一份已经签好的出版合同让我大吃一惊。我不想让他们难堪，所以到头来，发表的东西实际上都是我

---

1 哲学家、政治记者。出生于奥匈帝国治下的布拉格，1939年逃亡至巴勒斯坦，最后在以色列定居。布拉格犹太复国主义周刊《自卫》的主编。

极为私人的笔记，或是我随便写着玩的东西。我的人性弱点的证据都被印出来，甚至被卖掉了，因为以马克斯·布罗德为首的我的朋友们千方百计地要把它们做成文学作品，而我又没有能力销毁这些孤独的见证。"

停顿片刻后，他换了一种语气道："我刚说的话当然是有点夸张了，这对我的朋友不太厚道。实际上我自己也很堕落无耻，我也为发表这些东西做了不少努力。为了推脱自己的弱点，我把周围环境描述得比实际情况强大许多。这自然是欺骗。我自己也是个法学家。因此我才无法摆脱邪恶。"

*

卡夫卡疲惫地坐在办公桌后面，面色铁青，双臂松垮垮地垂着，头微微地向一侧倾斜。我发觉他身体不舒服。所以我想说声抱歉就离开，可卡夫卡拦住了我。

"请您留下。您来我很高兴。跟我说些什么吧。"

我明白，他是想摆脱自己的抑郁情绪。于是，我立刻给他讲了几个我听来或是我亲身经历的小故事。我向他描述了我们一家住的近郊小巷里的各种人物，让胖胖的酒店老板、管理人，以及我的好几个同学列队经过他眼前。我给他讲述了伏尔塔瓦卡罗林塔尔老码头上的故事，还有各种各样小混混激烈的街头斗殴，他们打架时经常把散落在周围的马粪当作可怕的弹丸。

"呃呃！"非常爱干净，在事务所里也动不动就洗手的卡夫卡发出了这样的声音。他脸上厌恶与被逗乐的表情混合在一起，形成了一个妖精般的鬼脸。他看上去没那么抑郁了。于是，我开始与他聊起展览、音乐会及几乎填满我日常生活的书籍。卡夫卡博士总是讶异于我啃书的数量。

"您真是个废纸储存库！您晚上做什么？睡眠怎样？"

"我睡得很沉，也很安静。"我自信地说，"我的良心到了早上才会把我叫醒。而且它很有规律，就好像我的头脑里有只闹钟似的。"

"那么梦呢——您做梦吗？"

我耸耸肩道："我也不知道，虽然我偶然会在苏醒后想起一些梦中的碎片，但它们马上就会消失不见。我很少能记住一整个梦。就算是记住了，一般也是一些很愚蠢、很令人困惑的梦。比如前天。"

"您梦到什么了？"

"我在一家很大的百货公司里。我和一个不认识的人一起穿过一间面积很大的大厅，里面装满了自行车、农用车与机车。与我同行的人说：'在这儿是买不到我想要的新帽子的。'我尖酸地回道：'为什么要买新帽子？您还是买一张让人舒服些的新脸吧。'我想惹怒他，可他依然还是很平静。'这就对了，'他说，'不过我们得先上楼，到另一个区域去。'他立刻就向宽大的螺旋楼梯冲去。我们很快就进入了一间亮着蓝绿色灯光的大厅，里面像个成衣间似的挂着各种各样的大衣、外套、女装与男式西服，衣服里裹着高矮胖瘦、身材各异的无头躯体，手脚无力地垂着。我大惊失色地对我的同行人低语道：'这儿可都是无头的尸体啊！'我的同行人大笑道：'胡说！您根本不知道怎么做生意。它们可不是尸体，而是全新的、待发送的人类。它们的头一会儿就会被装上了。'他顺势指了指前方有些黑暗的走廊。两位年迈的、戴着眼镜的护士把担架抬到一个标着'裁缝铺——禁止入内'的高台上。两名护士小心翼翼地迈着极小的步子向前走，我清楚地看见了她们抬着的是什么。侧躺在担架上的是个男子，姿势像是个正在休息的白人女奴。他穿着黑色的漆皮皮鞋、条纹长裤和灰黑色的燕尾服，很像我父亲平时过节时的打扮。"

"担架上的男人让您想起了您的父亲？"

"没有，我根本就没有看他的脸。他的头上缠着一大块白纱布，一直缠到背心的领口处。他被包扎得像个重伤员。不过，他看起来状态还不错。他的一只手里握着一根细细的、有一弯银曲柄的黑手杖，卖弄似的在空中挥来挥去；另一只手扶着残缺不全的、好似纱布球般的脑袋上那顶总是滑向一边的军帽。很多年前,我的哥哥汉斯在奥地利当炮兵时,礼拜天戴的就是这种帽子。我想起来了,正是因为想起了这件事,我才转身走进走廊,想弄清楚担架上躺着的究竟是谁。可就在此时,担架与两名护士突然都不见了,我站在一张满是墨渍的小桌子前,桌子后面坐着的是您的同事特雷默尔博士。此时,我的左右突然出现了两个身穿白色亚麻长大衣的男人。可我清楚,他们是乔装成医院勤杂工的警察,亚麻大衣下藏着军刀与手枪。"

卡夫卡博士叹了口气:"唉!这可吓到您了吧?""是啊,"我点头承认道,"我很害怕,怕的倒不是那两个男人,而是特雷默尔博士。他冷嘲热讽地朝我笑了笑,一边把玩着手边那把薄薄的、闪烁着银色光芒的拆信刀,一边叱责我:'您没有道理戴着这张脸。您不是您想冒充的这个人。我们会好好维持秩序的。我们会把您偷来的这张脸皮从您的骨头上剥下来。'说着,他拿起那把拆信刀在空中做了好几个激烈的切割动作。我吓坏了,四处寻找我的同行人,可他已经不见了。特雷默尔博士冷笑着道:'您可别忙了!您逃不了的!'这话让我气愤不已。我对他喊道:'您这个待在办公室里的拉线傀儡,谁允许您坐在那儿的!我父亲的位置比您高。我可不怕您的拆信刀!'这话说到了他的心坎上。特雷默尔博士的脸都绿了。他跳了起来,大叫道:'我这把可是手术刀,您马上就能尝到滋味了。把他带走!'两个乔装的警察抓住了我。我想放声大喊。可一只长着黑毛的巨大手掌堵住了我的嘴。我咬住这只满是汗臭的手,一下从梦中醒了过来。血液在我的太阳穴搏动。我浑身是汗。这是我做过的最丑陋的梦。"

卡夫卡用左手背揉了揉下巴。"我相信您说的话。"他把身子弯到桌板上,慢慢地把手指交叉在一起,"成衣间人类的世界是地狱,是臭气熏天的化粪池,是臭虫窝。"他定定地看了我好几分钟。我一直激动地等着他开口。可接着,他用很平静的语调说:"您是要去您父亲那儿是吧?可我还得继续工作。"他微笑着向我伸出了手,"工作把渴望从梦中解放出来,而梦通常只会遮蔽人类的双眼,极尽谄媚之能事。"

*

青春让卡夫卡沉醉。他的短篇小说《司炉》[1]中充满了温柔与激烈的情感。有一次,在我们谈论文学杂志《树干》上

---

1 卡夫卡长篇小说《美国》的第一章。

米莲娜·杰森斯卡[1]（Milena Jesenská）的捷克语译本的时候，我这么对他说：

"小说中有那么多阳光与好心情。有那么多爱——尽管小说中根本都没有提到它。"

"爱并不是在小说中，爱是在叙述的对象中，在青春中。"弗朗茨·卡夫卡严肃地说，"青年人充满了阳光与爱。拥有青春是幸福的，因为青年人具有看到美的能力。当这种能力丧失后，凄凉的衰老、凋零与不幸就开始了。"

"所以，衰老会排除所有幸福的可能性？"

"不，是幸福将衰老排除在外。"他笑着把头向前弯了弯，仿佛要把头藏在耸起的双肩之间似的，"能保留看见美的能力的人不会变老。"

他的笑容、姿态与声音让我想起一个安静而愉快的男孩。

"那么，在《司炉》中，您很年轻，也很幸福。"

我这句话还没说完，他脸上的表情就变得黯淡了。

"《司炉》写得很棒。"我连忙补充道，可弗朗茨·卡夫卡那双深灰色的大眼睛中充满了哀伤。

"人们在谈论遥远之事时总是最好的，因为看得最清

---

[1] 卡夫卡第一批作品的捷克语译者，1944年死于集中营。

楚。《司炉》是回忆一场梦,回忆那或许从未成为现实的东西。卡尔·罗斯曼[1]不是犹太人。我们犹太人生来就是衰老的。"

*

还有一次,当我向卡夫卡博士讲述一件青年犯罪案时,我们再一次谈到了他的短篇小说《司炉》。

我问他,十六岁的卡尔·罗斯曼是不是根据某个原型创作的。

弗朗茨·卡夫卡说:"我拥有过很多原型,我又从没有原型。不过这都是过去的事了。"

"可青年罗斯曼和司炉这两个形象都太生动了。"我说。

卡夫卡的脸色变得很阴沉。

"那只是副产物而已。我描画的不是人物。我是在讲述一个故事。他们是图像,只是图像罢了。"

"那么肯定是有原型的。先要有视觉才会有图像。"

卡夫卡笑了。

"人们为物体拍照,是为了把它们从脑海中忘掉。而我

---

[1] 《司炉》中的人物。

的故事是一种让人闭上眼睛的技巧。"

*

与他的书有关的谈话总是很简短。

"我读了《审判》。"

"您喜欢它吗?"

"喜欢?这本书太可怕了!"

"这就对了。"

"我想知道您怎么写了这么一本书。'献给 F.[1]'的致辞肯定不只是一种形式。您一定是想通过这本书对某人诉说些什么。我很想知道之间的关联。"

卡夫卡窘迫地微笑着。

"我很无礼。请您原谅。"

"您不需要道歉。人读书就是为了提问。《审判》是黑夜中的幽灵。"

"为什么?"

"它是个幽灵。"卡夫卡僵硬地望着远处,重复道。

---

[1] 此处的 F 系曾两度与卡夫卡订婚的菲利斯·鲍尔(Felice Bauer)名字的首字母。

"可这是您写的。"

"我不过是发现了幽灵,并完成了对它的防守。"

*

我的朋友阿尔弗雷德·坎姆普夫(Alfred Kämpf)来自法尔肯瑙附近的阿尔特萨特尔,我在艾尔伯根与他相识。他很欣赏卡夫卡的小说《变形记》,并把作者称为"一个全新的、更深刻的,因而也更有价值的埃德加·爱伦·坡"。在老城环形路上散步的时候,我与卡夫卡说起了他这位新的崇拜者,可他对我的发言既不感兴趣,也不太理解。相反,卡夫卡的表情透露出,与他谈论他的书让他感到不自在。可我陷在发掘之瘾中不可自拔,因而变得非常不审慎。

"小说的主人公叫萨姆沙(Samsa),"我说,"听上去就像是在暗喻卡夫卡(Kafka)。一样都是五个字母,萨姆沙一词中S所在的位置与卡夫卡K的位置相同。还有这个A……"

卡夫卡打断了我。

"这不是暗喻。萨姆沙不完全是卡夫卡。尽管从某种意义上来说,《变形记》是一种袒露,但它并非自白。"

"这我就不懂了。"

"说起自己家里臭虫的时候,难不成还能是优雅得体的?"

"这在上层社会自然不常见。"

"您看看,我有多么不体面!"

卡夫卡笑了起来。他想结束这个话题,可我不愿意。

"我觉得,在这里用'体面'或'不体面'来评价不太合适。"我接话道,《变形记》是一个可怕的梦,一种可怕的想象。"

卡夫卡停下了脚步。

"梦揭露了隐藏在想象背后的现实。这就是生命的可怕之处——艺术能撼人心魄。不过,现在我要回家了。"

他简短地与我道别。

是不是我赶走了他?

我很惭愧。

*

我们十四天没有见面。我告诉他,我在此期间"啃"了哪些书。卡夫卡微笑道:"我们可以较为轻松地从生活中提炼出许多书,可从书中我们提炼不出什么生活。"

"所以说,文学是种劣质的保存手段。"我说。

他笑着点了点头。

*

我和卡夫卡经常在一起无所顾忌地放声大笑——如果弗朗茨·卡夫卡的笑能被称为放声大笑的话。我不太记得他的笑声，只记得他习惯于用什么姿态来表达他的愉悦。根据笑声的激烈程度，他或快或慢地将头向后仰，微微张开咧得宽宽的嘴巴，眼睛眯成一条细缝，仿佛脸向着太阳似的。或者，他会把手放在桌面上，耸起肩膀，抿起下唇，低下头，微微眯起眼睛，仿佛洗澡时突然被泼了一盆水似的。

有一次，受到这个姿势的影响，我给他讲了一个前不久不知道在哪儿读到的中国小故事。

"心脏是一栋有两间卧室的房子。一个房间里生活着悲伤，另一间生活着快乐。人千万不能笑得太大声，不然就会惊醒隔壁房间里的悲伤。"

"那么快乐呢？响亮的悲伤能唤醒它吗？"

"不。快乐的听力不好，它听不见隔壁房间的悲伤。"

卡夫卡点了点头："这就对了。所以人们才经常装出快乐的样子。有人在耳朵里塞满了快乐之蜡。比如说我。我假装快乐，是想躲到它的背后。我的笑是一堵水泥墙。"

"用来防御谁？"

"当然是防御我自己了。"

"可墙都是向着外部世界的。"我说，"这是一种向外的防御机制。"

可是，卡夫卡立即非常肯定地反驳了这个观点。

"就是这样！每一种防御已经都是退避与躲藏。因此，对世界的理解永远都是一种内卷式的理解。所以，每一堵水泥墙都只是迟早会崩塌的幻象。因为内部与外部同属一体。彼此割裂时，它们不过是某个我们只能承受，却无法解开的秘密的令人困惑的两种面貌。"

*

一个阴雨连绵、潮湿的十月天。工人意外保险机构办公室的走廊里亮着灯。卡夫卡博士的办公室像一个昏黄的山洞。他弯着腰坐在办公桌前，面前摊着一张八开的、灰白色的办公用纸。他的手里握着一支长长的黄色铅笔。我走到卡夫卡博士身边时，他把铅笔放到了纸上，纸上漫不经心地画着几个古怪的人物。

"您在画画？"

卡夫卡博士满怀歉意地微笑道："不！这只是些涂鸦。"

"我可以看看吗？您知道，我对绘画很感兴趣。"

"可这不是我能展示给别人看的画。这只是一些很私人，因而别人也很难以辨认的象形文字。"

他抓起那张纸，用双手把它揉成了一个纸团，一把扔进了桌边的废纸篓里。

"我的人物不符合空间比例，他们没有视野。我试图捕捉的人物轮廓的透视点在纸的前方，在铅笔未被削尖的另一端，在我心中！"他把手伸进废纸篓，捡起刚刚扔掉的纸团，展开皱巴巴的纸，把它撕成了很小的纸片，最后用力一挥，把纸片全部扫入了废纸篓。之后，我又在卡夫卡画画的时候惊动过他好几次，每次，他不是把他自称为"涂鸦"的画揉成一团扔进废纸篓，就是迅速地将它藏进办公桌中间的抽屉里。所以，在他眼里，他的画作是比他写的东西更加隐秘的私物。这自然激起了我心中不断发酵的好奇心，可我必须在卡夫卡博士面前极力隐藏。我假装自己根本没有看见他匆忙把画纸推到一边的动作。可如此掩饰总让我感到既压抑又紧张。我不能像平时那样轻松自在地倾听与倾诉。因为平时，我觉得他没有什么要在我面前遮遮掩掩的。

卡夫卡博士没有忽视这一点，他看出了我的焦虑。所以有一天，当我又一次看到他作画的时候，他把画纸推到我面前，避开我的目光说："让您看看我乱涂乱画的东西吧。

我实在没有道理继续助长您心中那无法满足的好奇心，还要逼得您装作什么都没有发生。您千万不要生我的气。"

我无言以对。我感觉自己像是做了什么不当之事被人抓了现行。一开始，我一心只想沿着桌面把画纸弹回去。接着，我控制住了自己，歪着头从侧面看了看那张纸。上面草草地画着几个奇怪的、抽象地运动着的小人儿，他们或是在奔跑，或是在击剑，或是在地上跪着或匍匐着。

我很失望。

"这算什么啊！您真的没有把它们藏起来的必要。只是些毫无恶意的画而已。"

卡夫卡缓慢地摇了摇头："哦，不！它们可没有看上去那么无害。这些画中藏着一种古老而根深蒂固的热情。所以我才要把它们藏起来。"

我又看了一眼画着小人儿的画纸。

"我不明白您的意思，博士先生，哪有什么热情？"

卡夫卡宽厚地笑了笑："它当然不在纸上了，纸上只是藏着些许线索。热情在我心里。我一直希望自己会画画。我想看，也想记下我看的东西。这就是我的热情。"

"您学过画画？"

"我没有。我只是试着以一种非常独特的方式来描绘我看到的东西。我的画不能算是图像，而是私人的符号。"卡夫卡博士微微笑道,"我现在还一直被囚在埃及,我还没能跨过红海呢。"

我微笑着说:"红海过后还有一片沙漠。"

卡夫卡点了点头:"是的,在《圣经》里是这样,事实中更是这样。"

他的手撑在桌边,人靠在椅子上,以一个放松的姿势抬起头,神情紧张地看着天花板。

"只通过外部手段求得的伪自由徒有其表,它是一种谬误,一种混乱,它是一片沙漠,除了恐惧与绝望的苦草,没有任何东西能在那儿茁壮生长。这是自然而然的,因为具有真正而持久价值的东西总是来自内心的馈赠。人不是从下至上,而是由内而外地成长。这是一切生命自由的基本条件。这不是人为制造的社会风气,而是一种要不断地去争取的、对自己与世界的态度。这是使人获得自由的条件。"

"一个条件?"我怀疑地问道。

"是的。"卡夫卡点了点头,把他的定义又重复了一遍。

"可这完全是个悖论!"我喊道。

卡夫卡深吸一口气,接着他说:"没错。其实就是这样的。为了让我们在电光石火间看见世界的闪光,构成我们有意识的生命的火花必须要越过矛盾的鸿沟,从一极跃到另一极。"

我沉默了片刻。然后我用手指着画着画的纸，轻声问道："那么这些小人儿呢，他们在哪儿？"

"他们从黑暗中来，为的是在黑暗中消失。"说着，卡夫卡打开了抽屉，把满满打着草稿的画纸塞了进去。然后，他用一种听起来颇为随意的声音说道："我随手乱涂的这些画是在尝试施展原始魔法，我一再重复，又一再失败。"我一脸茫然地看着他，我当时肯定是做了个很傻的表情。因为卡夫卡的嘴角抽搐了一下，显然他是在强忍笑意。他抬起手捂住了嘴，清了清嗓子后说："人世间的所有东西都是被赋予生命的图像。因纽特人在他们将要燃烧的木头上画上一些波浪线。这就是火的魔法图像，然后他们钻动木栓，唤醒火焰的生命。我做的也是相同的事。我想用我的画完成我看到的人物。可我的人物不会燃烧。或许是我用的材料不正确，或许我的铅笔不具有这样的特点，也有可能是我自身根本就不具有必要的特点。"

"有这个可能，"我附和道，一边努力地摆出一个戏谑的微笑，"博士先生，毕竟您不是因纽特人。"

"这没错。我确实不是因纽特人，可如今我与大多数人一样，生活在一个苦寒的世界里。但我们既没有因纽特人的生活基础，也没有他们的毛皮与其他生活必需品。与他们相比，我们都是赤身裸体。"他努了努嘴，继续道，"如今穿得最暖和的只有那些披着羊皮的狼。他们的日子过得很好。他们的衣服很合适。您觉得呢?"

我抗议道:"那可多谢。我宁可冻死!"

"我也是!"卡夫卡高声道,用手指了指中央供热暖气片,水在那里的一个长长的白铁皮盆子里蒸腾,"我们不要自己的皮草,更不要借来的皮草。我们宁可保留那片舒适的冰雪沙漠。"我俩都笑了。卡夫卡的笑是在帮助掩饰我的不理解,我的笑则是理所应当地接受了他的好意。

*

我情绪激动地来到卡夫卡博士面前。

"您怎么了?您的脸都白了。"

"马上就好了,"我上气不接下气地回答,脸上还硬要挤出个微笑,"有人给我瞎扣帽子。"

"不算什么新鲜事,"卡夫卡博士微微弯起嘴角断言道,"这是人类交往时会犯的老毛病了。它引发的痛苦倒永远是全新的。"他从桌上拿起一份文件,"您在这儿安静地坐一会儿吧。我去隔壁处理点事。我马上就回来。要不我帮您把门关一下,这样您就不会被人打扰了?"

"不用了,谢谢。我一会儿就没事了。"

卡夫卡悄悄地离开了办公室。我向后靠在椅背上。

那时，我正受严重的头痛折磨，诱因是脸部神经（三叉神经）过于敏感，头痛发作时毫无规律，因而也无法预知。不到一个小时前，在我前往工人意外保险机构的路上，头痛便突然发作了。我不得不停在火车站附近，靠在佛罗伦萨广场上的一个广告牌前，耐心地等待头痛缓解。最严重的时候我出了一身虚汗，还突然呕吐了一阵。不过吐完之后，症状就迅速消失了。我的状态慢慢恢复了，不过我还是安静地靠在广告牌上，因为我的双脚还在不住地颤抖。

经过我身边的人不满地看着我，我觉得他们的眼里充满了鄙夷。此时，一位年长的妇女对陪同她的年轻女子说："你看那家伙！才多大点年纪就醉得和个老酒鬼似的，真是头猪！这样的人还能有什么出息？"

我很想把我的情况解释给她听，可我一句话都说不出来。我的喉咙好像被勒住了。还没等我起身，两人已经消失在下一个拐角处。我只好慢慢地走去工人意外保险机构。上楼的时候，我的膝盖还很无力。可卡夫卡的声音宛如一剂强心针，再加上办公室如此静默，没了声音的刺激，我的头疼在几分钟内就完全消失了。

卡夫卡返回办公室后，我向他诉说了在佛罗伦萨广场上发生的事。讲到最后，我说："我应该追上去好好骂她一通的！可我竟然什么都没说。我真是个可悲的懦夫！"

可卡夫卡博士摇了摇头。

"您千万别这么说！您不知道沉默中隐藏着怎样的力量。攻击不过是一种幻象，一种诡计，它只是人在自己与世界的面前掩盖弱点的手法。真正稳固的力量来自忍耐。只有弱者才会变得不耐烦与粗暴。如此一来，他通常就完全丧失了为人的尊严。"

卡夫卡打开了办公桌的一个抽屉，从中抽出一本杂志放到我面前。那是文学刊物《树干》创刊第4年的第21期。

他对我说："第1页上有四首诗，有一首十分感人。那首诗的标题叫《谦逊》[1]。"

我读道：

> 我变得越来越小，越来越小——
> 直到成为地球上最小的那一个。
> 在夏日清晨的草地上，
> 我将手伸向最小的一朵花儿
> 我藏起我的表情低声道：
> 我的孩子，不穿鞋，不穿袍

---

[1] 该诗的作者为捷克诗人基里·沃尔克（Jirí Wolker）。

上天用手支撑着你

手中凝着一颗晶莹的露珠

这样才不会毁坏

他的高楼大厦。

我低声道:"真是好诗。"

"没错,"卡夫卡说,"确实是首好诗——字里行间都充满了真挚的友情与爱。我们每一个人,无论是最蓬乱的蓟草,还是最优雅的棕榈,都支撑着我们头顶的天空,这样,大厦,这栋我们世界的大厦才不至于倾颓。若是把眼光放得离事物更远一些,或许反而能够更接近它们。您别再想今天在街上的遭遇了,是那个女人做错了。不论从什么角度来看,她都无法分清印象与现实。这是一种缺陷。这女人很可怜。她是个情绪错乱的人。谁知道她是否动辄因为如此微不足道的事而遍体鳞伤?"他温柔地抚摸着我宛如镇纸般放在面前报纸上的手,微笑着说:"印象与现实之间的路通常艰辛而遥远,大多数人只是弱小的行者罢了。如果他们像撞墙一般踉跄地撞在我们身上,我们也必须原谅他们。"

我曾数次借给某个熟人一些小钱，现在我没法再借给他钱了，他给我寄来了一封粗鲁的、写满了脏话的信。自以为是的猴子、蠢牛与白痴算是信中最柔和的称谓。

我把这封信带去给卡夫卡博士看，他用指尖把这封信远远地拎到最边远的桌角上，好像在处理最危险的东西似的。

与此同时，他说道："咒骂是种可怕的东西。我觉得这封信就像一团冒着浓烟的大火，熏着我的眼睛，让我呼吸不畅。每一个脏字都在摧毁语言这一人类最伟大的发明。骂人者是在侮辱灵魂。这是一种对仁慈的谋杀。不过，无法正确权衡如何正确用词的人也会犯下这类谋杀。因为说话意味着斟酌与区分。词语是生与死之间的抉择。"

"那您觉得我要不要找个律师给他写封信？"

卡夫卡使劲地摇了摇头。

"千万别！何必呢？他本来就不会把这种警告放在心上——就算他真的会，您也别这么做。他信中的蠢牛迟早会用角将他逼到绝境。人逃不过自己放到世上的妖魔。恶意总会回到它的源头。"

弗朗茨·卡夫卡在办公室里研究雷克拉姆出版社的书目，我的出现吓了他一跳。

"书名让我沉醉，"卡夫卡说，"书籍是一种麻醉剂。"

我打开公文包，给他看看包里装的东西。

"那我就是吸食大麻的人，博士。"

卡夫卡惊道："这些可全都是新书！"

我把包里的东西全都倾倒在他的桌子上。卡夫卡一本接一本地翻阅，时不时读上两句，然后又把书递给我。

把所有的书都翻过一遍后，卡夫卡问我："这些书您全都要读完吗？"

我点了点头。

卡夫卡抿了抿嘴唇。

"您花在这些白日蜉蝣上的时间太多了。这些现代书籍中的大多数不过是当今世界的浮光掠影，它们转瞬即逝。您应该多读一些老书。比如经典作品，歌德的。古老的作品将它最内在的价值展露在外——永久性，而新鲜事物就等同于瞬时性。它今天看上去很美，明天看起来就很可笑。这就是文学之道。"

"那创作呢？"

"创作改变生活。有时甚至更糟。"

有人敲门。我父亲进来了。

"我家儿子又在打扰您了。"

卡夫卡微笑道:"没有的事!我们在谈论魔鬼和妖怪呢!"

*

如今回想起来,我不得不承认,我对卡夫卡相当不体贴:只要我自己时间方便,我经常不事先通知就出现在他的办公室。尽管如此,他每次都以友善的微笑与伸出的右手迎接我。

我虽然也老是问:"我不会打扰您吧?"可卡夫卡通常都只是摇摇头或不经意地摆摆手,表示不介意。

只有一次,他向我解释道:"把意料之外的来访视作打扰是种无法掩饰的软弱,是对未知的逃避。一个人躲在所谓的私人空间中,是因为他缺乏应对这个世界的力量。人在自我限制中远离了奇迹。这是撤退。所谓此在,首先是与事物共同存在,这是种对话。人们无法回避。您随时随地都可以来找我。"

＊

卡夫卡注意到我睡眠不足。我实话实说,告诉他我下笔如有神,一直写到天亮。

卡夫卡把那双木雕似的大手放到桌面上,缓慢地说:"能将内心的波动如此顺畅地排出体外,真是莫大的幸福。"

"我简直像是喝醉了。我还没看过自己写的东西呢。"

"那是自然。写下的不过是经验的糟粕。"

＊

我的朋友恩斯特·雷德勒(Ernst Lederer)用特殊的浅蓝色墨水在手工制作的、装饰精美的稿纸上写诗。

我把这件事告诉了卡夫卡。

他说:"这很正确。每个魔术师都有自己的仪式。比如说,只有戴着庄重的扑着粉的假发时,海顿才会作曲。写作也是一种唤灵术。"

＊

阿尔弗雷德·坎姆普夫送了我一本雷克拉姆出版社出

版的《埃德加·爱伦·坡小说集》，那是本把三卷小说合订在一起的小册子。我给卡夫卡博士看了看这本几周来我一直带在身上的小书。他翻阅了一下，读了读书中内容，问我："您知道坡的生平吗？"

"我只知道坎姆普夫告诉我的那些。据说坡是个臭名昭著的酒鬼。"

卡夫卡皱起了眉头。

"坡是病了。他是个可怜人，对这个世界毫无防备。所以，他才逃到杯中物里去。想象对他来说只是一根拐杖。他写了许多阴森恐怖的故事，为的是熟悉世界。这是很自然的事。想象中的狼窝没有现实中那么多。"

"您深入研究过坡？"

"没有。其实我对他写的东西了解甚少。但我知道他的逃跑路线，他的幻境。作家写的内容始终都是相同的。比如在这本书中就能看出来。"

卡夫卡打开办公桌中间的抽屉，递给我一本灰蓝色的亚麻布面装订书，那是罗伯特·路易斯·史蒂文森的《金银岛》。

"史蒂文森有肺病，"乘卡夫卡说话的时候，我瞥了一眼书的封面与内容，"所以他才搬去了南太平洋，他生活在那儿的一座岛屿上。可是他对此视而不见。于他而言，他生

51

活的地方不过只是孩子气的海盗梦上演的舞台,是想象力的跳板。"

我把书放在桌子上,点了点头说:"我刚刚粗略地翻了一下那本书,可他还描述了南太平洋的大海、人物与热带植物。"

"是的,他甚至还描写得细致入微。"

"那他的书里还是有现实之物的。"

"当然了,"卡夫卡道,"梦里总有无数未经加工的日常经验。"

我谨慎地说道:"人们或许试图在梦里摆脱对经验的负罪感。您觉得呢?"

"没错,就是这样,"卡夫卡点了点头,"现实是塑造世界与人类最强大的力量。它具有效力。正因如此,它才是现实。没有人能够脱离现实。梦只是一条弯路,走上这条弯路的人最终总是回到离他最近的经验世界。史蒂文森回到他的南太平洋小岛,而我——"他停顿了一下。

"而您回到这儿的办公室和老城环形路上的公寓。"我说出了他未说完的话。

"是的,您说得没错。"卡夫卡低声说。

他的脸上突然露出了一个非常忧愁的表情,我不由内疚地喃喃道:"对不起,博士先生,是我无礼了。我太冒失了。这是我的缺点。"

"正相反,"卡夫卡答道,"这是一种力量。在您这儿,印象凝聚成语言的速度比别人快。您没有什么好抱歉的。"

我反驳道:"不!我这行为很没有礼貌。"

卡夫卡把左臂举到腋窝的高度,又让它无力地垂下,然后带着迷人的微笑说:"这也很正常。您确实没有归属。您还不属于这个风俗僵化的世界。所以,您的语言——让我们回到史蒂文森的南太平洋小岛——还是一把锋利的、未使用过的砍树刀。您得小心,千万别砍偏,断了自己的手脚。这是对生命最可怕的犯罪,仅次于谋杀。"

*

和我一起夏天上游泳学校、冬天去溜冰场的小伙子中,有一个叫列奥·韦斯考普夫(Leo Weisskopf)的男孩。他戴眼镜,头发浅黄,身材瘦削,圆润的脸上透出粉红的色泽,长得像个女孩子。他父亲在彼得广场上有间办公室,他在那儿处理各种化工商品的批发业务。所以,列奥·韦斯考普夫属于"较为体面"的资产阶级。他总是彬彬有礼,穿得干净利落,却没有一点纨绔子弟的习气。他的衣着也与行为相称。谈话的时候他总是很克制,说话的时机也总是恰到好处。绝不能说他是个败坏游兴、让人扫兴的人，但是，在他的陪伴下，我们也感觉不到真正的温暖。他的存在像一个消音器。所以，我的朋友阿尔弗雷德·坎姆普夫把略比我们年轻些的列奥·韦斯考普夫称作安静的拖鞋。

他说："列奥·韦斯考普夫那么安静、那么好相处，只是为了远离我们。他在躲着我们。"

"他为什么要这么做？"我问道。

我朋友耸了耸肩。"我不知道。我只是感觉到了。"

"你就是不喜欢他，"我说，"如此而已。"

"没错，确实如此。"阿尔弗雷德·坎姆普夫承认道，"我的厌恶纯属感情用事。列奥·韦斯考普夫和我们不一样。他和我们之间存在着一些黑暗的、不可理解的东西。要么他有什么瘾，要么他已经染上了什么不可告人的恶习。"

"要么你是个白痴。"我讥讽道。

可我这位平时脾气火暴的朋友这次却很平静，他说："你和我之间肯定有一个白痴。我们等着看吧。"

我们关于列奥·韦斯考普夫的谈话到此结束。

两天后，我们得知——我不记得自己是怎么知道的，也不记得是谁告诉我的——列奥·韦斯考普夫死了。自杀。用的是氰化钾。有人说他爱上了一个比他大很多的已婚女子。不过我们不知道，这究竟是不是导致他自杀的唯一动机。阿尔弗雷德·坎姆普夫对此表示怀疑。

我把这个故事告诉了弗朗茨·卡夫卡博士。他闭着眼睛听我叙述。等我说完后,他沉默了一两分钟,然后睁开眼睛,望着天花板说:"那是一件相当难以琢磨的事情。其实,人只有在爱与死亡的危险中才会完全意识到自己的存在。或许您的熟人只是对他爱的女人失望了;或许她只把他当作一时的玩物;或许他认为没了心爱的女人,他的人生就丧失了意义;或许他想以死亡来证明自己对她的敬意;或许他想告诉她,在她抛弃他以后,他只剩下处置自己的权利。您理解我的意思吗?"

他惊恐地眯着眼睛看着我。

"我懂。"我说。

卡夫卡接着说:"人只能扔掉真正属于他自己的东西。所以,自杀可以被看作是一种夸张到荒谬的利己主义,一种妄称自己拥有了上帝力量的利己主义,然而在现实中根本没有什么上帝之力,因为这里实际上连力量都没有。自杀者只是因为无能而自杀。他已经没有做任何事的能力了。他因而失去了一切。现在,他把自己最后剩下的东西取走了,做这件事不需要力量,只需要绝望,放弃一切希望就已足够。没有任何风险。冒险是一种坚持,是对生命的执着、对生命的奉献,是看似无忧无虑地度过每一天。"

＊

弗朗茨·卡夫卡几次要求我把那些"不押韵的潦草之作"（我自己的说法）给他看一看。于是，我在日记中选出了一些合适的段落，将其整理成了一本小小的散文集，取名为《渊深的瞬间》，送给了卡夫卡。

几个月后他才把稿子还给我，当时他正准备去塔特兰斯凯·马特莱利疗养院。

就此机会，他对我说："您的故事青春洋溢，非常感人。您写得更多的还是事物在您心中唤起的印象，而不是事件与对象本身。那是诗歌。您爱抚世界，而不是在把握世界。"

"那我写的东西就没有一点价值吗？"

卡夫卡抓住我的手。

"我没有这么说。这些小故事对您来说肯定有价值。每一个写下的字都是个人文献。可艺术——"

"那不是艺术。"我苦涩地补充道。

"它还不是艺术，"卡夫卡肯定地说，"这种对印象与感受的表达，实际上是对世界小心翼翼的探索。眼睛还沉浸在梦的阴影中。但是，这会随着时间推移而消失，那只试探性伸出的手或许会向后缩,就像是触碰到了火。或许您会高声喊叫,结结巴巴,语无伦次,或是咬紧牙关,把眼睛瞪得大大的。不过——它们只是文字而已。艺术是全身心的事件。所以,艺术从根本上来说是悲剧。"

*

根据事先约定,我本该到卡夫卡博士的办公室去。可是前一天,父亲给我带来了一本柏林的《行动》杂志,里面夹了一张纸条,上面写着卡夫卡博士给我的留言,说他要下周才回办公室。后来我去拜访他时,寒暄过后,他立刻就问我:"您能看懂我写的字吗?"

"能,完全可以。您的字写得很清晰,像流动的波浪线。"

卡夫卡摊开双手放在写字台上,苦笑道:"那是绳子掉落在地上的波浪线。我的字母在中间缠绕。"

我想消除卡夫卡因忧郁而表现出来的情绪:"原来是个套索。"

卡夫卡默默地点了点头。

我继续调侃道:"那您打算用这个套索捕捉什么?"

卡夫卡博士微微耸了耸肩,说:"我不知道。也许,我想抵达一片看不见的岸,而我的弱点的滚滚洪流早已驱使我经过这片岸。"

弗朗茨·卡夫卡给我看了一份关于文学的调查问卷。我想,这是奥托·皮克为《布拉格报》周日的文学副刊安排的。

他用食指指了指"您未来有什么文学计划?"这个问题,微笑道:"这问题真傻,根本没办法回答。"

我不解地看着他。

"人能预言下一刻心脏是如何跳动的吗?不能,这不可能。我们的笔只是心之地震仪上的石笔。地震能够被记录,但无法被预测。"

＊

我到办公室找卡夫卡博士。我进去的时候他刚要离开。

"您要走了?"

"就一会儿,上两层楼,去您父亲的部门。您坐,等我一会儿。我不会去很久的。这段时间里您不妨读一读这份新报纸,邮局昨天送来的。"

这是一份在柏林出版的、具有代表性的大型期刊的第一期。刊物名叫《马耳叙阿斯[1]》,出版人是提奥多尔·塔

---

1 狄俄尼索斯的伴神之一,与阿波罗比赛吹笛失败而被剥皮,他的血最后化成了同名的河流。

格尔[1]（Theodor Tagger）。里面有一份图书预告，弗朗茨·威尔弗尔[2]（Franz Werfel）的《理论上的散文》也在即将出版的作品之列。

威尔弗尔是卡夫卡的朋友，所以等他回办公室后，我就问他知不知道这件事。

"知道，"弗朗茨·卡夫卡简短地答道，"威尔弗尔告诉过马克斯，那是出版人编出来的。"

"还有这种事？这不是骗人吗？"

"这就是文学，"卡夫卡博士微笑作答，"逃避现实。"

"所以说创作也是谎言？"

"不，创作是凝聚，是精粹。文学则是溶解，是减轻无意识生活痛苦的享乐品，是麻醉剂。"

"那创作呢？"

"正相反。创作使人觉醒。"

"所以，创作倾向于宗教。"

"我不会这么说，但是它肯定倾向于祈祷。"

---

1 奥地利作家、诗人、剧院经理人，后改名为费尔迪南·布鲁克纳。
2 奥地利小说家、剧作家、诗人。

＊

还有一次，我和卡夫卡博士前往位于荣格曼广场的圣方济各教堂。一进门，我们便在入口附近看到一位老妇，她在黑暗的圣坛画像前方极为虔诚地祈祷。离开教堂后，他对我说："祈祷与艺术是激情洋溢的意志行为。人们想要超越、攀越正常存在的意志可能性的范围。艺术和祈祷一样，就像一只伸向黑暗的手，它想要抓住一些恩典，从而让自己变为一只给予的手。祈祷意味着将自己投入徘徊于消逝与形成之间的具有变革意义的弧光中，只有完全融入其中，才能将它的万丈光芒嵌入自身存在这一易于破碎的小摇篮中。"

＊

卡夫卡对这座城市中的各种建筑的全面了解经常让我惊叹。他不仅熟悉宫殿与教堂，连老城中最隐蔽的穿堂房屋都了然于胸。即便是许多房子的老门牌不再挂在入口上方，而是已经被送进波里奇区的市立博物馆，他都知道它们旧时的名字。卡夫卡博士从老房子的围墙里读出了这座城市的历史。他带着我穿过曲折的小巷，进入布拉格老城漏斗状的、被他称作"溅光钵"的小庭院，与我一起穿过老查理大桥附近的一条巴洛克式走廊，走过一间拥有文艺复兴时期圆形拱廊、面积极其狭小的院子，穿过一条黑暗的管状隧道，来到一家坐落于小院子里的狭小客栈。客栈的名字叫观星者，因为约翰内斯·开普勒曾在这儿住过一段时间，1609 年，他那本远远超过当时科技成果的著作《新天文学》就是在这个山洞般的黑暗地窖里写成的。

卡夫卡博士出生在这座城市，他热爱城里的古巷、宫殿、花园与教堂。他饶有兴趣地翻阅每一本我带到他办公室里的介绍布拉格古物的书籍。尽管在我把它们放到他的办公桌上之前，他早已读过这些书，可他依然用他的眼睛与双手充满爱意地抚过书册的每一页。他的眼里闪烁着收藏家般迷醉的目光。然而，他又与收藏家完全不同。对他来说，旧物并不是凝固于历史中的藏品，而是一种充满弹性的知识工具，一座通往今日的桥梁。

这是有一次，我与卡夫卡博士走在从工人意外保险机构前往老城环形路附近的雅各布教堂的路上时意识到的。

"您知道这个教堂吗？"卡夫卡问我。

"嗯。一点皮毛。我知道它属于隔壁的圣方济各教堂，我知道的就这么多。"

"但您肯定见过悬挂在教堂里铁链上的手？"

"是的，见过好几次。"

"要不要一起去看看那只手？"

"乐意奉陪。"

我们走进共有三个殿的教堂，它算得上是布拉格最长的教堂之一。左侧离入口处不远的天花板上悬挂着一条长长的铁链，链上挂着一根熏得漆黑、覆盖着风干的皮肉与肌腱残骸的骨头。从形状上看，它可能是一根人类前臂的悲哀遗骸，据说那是1400年或是三十年战争结束后不久从一个小偷身上砍下的，挂在教堂里作为"永久的纪念"。

根据古老的编年史与不断翻新的口头传说，这件令人毛骨悚然之事的前因后果应该是这样的：

在这座教堂的众多侧祭坛中——顺便说一下，这里直到今时今日还有为数不少的侧祭坛——有一间供奉着一尊圣母马利亚的木雕像，雕像上挂着几根用金银币装饰的项链。一个被解雇的雇佣兵被这些财宝迷住，便躲进了教堂的忏悔室。等到教堂关闭后，他离开藏身之处，走到祭坛前，爬上教堂司事平常用于点燃祭坛蜡烛的板凳，伸出手想取走雕像上的首饰。他的手却僵住了。这个第一次潜入教堂的小偷以为是雕像紧紧地抓住了他的手。他尝试着把手挣脱出来，却没能成功。翌日清早，教堂司事发现了祭坛前板凳上筋疲力尽的小偷，便通知了修道士。祭坛前，圣母雕像依然紧紧地抓着惊恐万状、脸色苍白的小偷，一大群祈祷的人立刻聚集起来，其中包括村长与布拉格老城中的几位长者。司事与修道士试着把小偷的手从雕像上拽下来，他们也没能成功。因此，村长叫来了刽子手，他一刀就把小偷的前臂从他身上砍了下来。此时，"雕像也松开了手"。前臂落在地上。小偷的伤口被包扎起来，几天后，他因盗窃教堂财物未遂被判了多年监禁。服刑后，他成了这座修道院一名不授圣职的僧侣。人们把这只被砍下来的手悬挂在教堂的铁链上，紧挨着老城议员朔勒·冯·朔勒巴赫的墓碑。还在旁边的柱子上装了一幅阐述此次事件的简陋画像，并附有一段分别写有拉丁语、德语及捷克语的说明文字。

卡夫卡博士抬起头，饶有兴致地看着干枯的肢体，瞥了一眼描述神迹的小木板，然后走向了出口。我跟着他离开了。

"太可怕了，"到了外面，我说，"这个圣母神迹当然只是强直痉挛发作罢了。"

"可它是如何引起的呢？"卡夫卡问我。

我说："很可能是因为陡然出现的内心压抑。小偷因觊觎圣母的首饰而隐藏起来的虔诚情感突然被他的盗窃行为唤醒了。它的力量比小偷想象的强大，所以他的手才僵住了。"

"没错！"弗朗茨·卡夫卡点了点头，伸手挽住我的胳膊,"这是因为对于神性的渴望,以及随之而来,因亵渎圣物产生的持续不断的畏惧感,以及人类对正义的内在需求。但凡有人违背这些强大、无法战胜的力量的时候,它们便会在他们心中产生强烈的抗拒。它们是道德的调节器。因此,罪犯在这个世界上实施犯罪行为的时候,首先要扳倒体内的这些力量。所以,每一次犯罪都始于精神上的自残。想从雕像上偷窃首饰的雇佣兵没能做到这点,所以他的手才僵住了。那是被他自己的正义感麻痹的。所以,刽子手的那一刀对他而言并没有您想的那么可怕。相反,恐惧与疼痛为他带来了救赎。精神上的自残被刽子手对他肉体上的伤害取代。它让这个被解雇的、连一个木头娃娃都偷不走的可怜雇佣兵从良心的颤抖中解脱出来。从此他可以继续做人。"

我们沉默地继续走着。然而,走到泰因霍夫街与老城环形路间狭窄的小巷中央时,卡夫卡突然停了下来,问我:"您在想什么?"

"我在想,像雅各布教堂小偷这样的故事,如今还有没有发生的可能?"我坦然作答,并疑惑地看着卡夫卡。他只是皱起了眉头。走了两三步后,他说:"我想——几乎没有。现今,对上帝的渴望与对罪愆的恐惧极大程度地减弱了。我们陷入了狂妄自大的沼泽。战争证明了这一点,多年以来,它大范围的去人性化麻痹了人类的道德力量,也麻痹了人类自身！我相信，如今的教堂盗贼不会再被强直痉挛击中。但如果真的发生了这种事，人们不会砍掉盗贼的半条胳膊，而会截掉他极为过时的道德想象力。他会被送进精神病院。在那儿，他以歇斯底里的痉挛为表现的古老道德冲动将被精神分析完全消除。"

我冷笑道："这个教堂盗贼可能会被归为隐蔽的、有俄狄浦斯或恋母情结的精神病患者。毕竟他想偷的是圣母像！"

"当然！"卡夫卡点了点头，"没有罪过，没有对神的渴望。一切都是世俗的、有明确目的的。上帝超越了我们的存在。所以，我们普遍生活在良知麻痹的状态中。所有超验的冲突似乎都已消失，可是，所有人，所有人都像是雅各布教堂里的木雕那样自我防卫。我们一动不动。我们只是站着。甚至连这都算不上！我们中的大多数人只是被恐惧的污泥粘在廉价的基本原则那张摇摇晃晃的椅子上。这就是人生的全部实践。比如说我，坐在办公室里，翻阅着卷宗，试图把我对整个工人意外保险机构的厌恶藏在一个严肃的表情后面。然后您来了。我们无话不谈，穿过喧闹的街道，走进寂静的雅各布教堂，看着被砍掉的手臂，谈论时代的道德痉挛。然后我走进我父母的店铺，吃点东西，给几个欠钱不还的债务人写几封客气的催债信。无事发生。世间祥和。我们和教堂里的木雕一样僵硬。只是没有祭坛罢了。"

他轻轻抚了抚我的肩膀:"再见。"

*

我们——卡夫卡博士与我——穿过策尔特纳街,来到老城环形路上。我们从远处就已经能听见一大群人的喧闹声与歌声,走到白孔雀屋附近,我们被一支缓缓行进的游行队伍挤到了墙边。

"这就是国际歌的力量。"我微笑着说,卡夫卡的脸色却阴沉了下来。

"您聋了吗?您没听到这些人在唱什么?唱的可都是旧奥地利的民主主义歌曲。"

我反驳道:"那这些红旗是什么意思?"

"什么红旗!不过就是新瓶装陈酒!"卡夫卡说罢拉着我的手,把我拽进身后的房子。我们穿过阴暗的院子与一条短短的过道,越过粉刷成白色的阶梯,走入一条羊肠小道,从那儿穿过艾森巷后,我们来到了宽阔的利特大街,这里听不到游行的动静。

"我受不了这些吵闹的街头骚乱。"卡夫卡长舒一口气道,"这种骚乱中隐藏着脱离了上帝的、新宗教战争式的恐怖，它以旗帜、歌声与音乐开始，以劫掠与流血结束。"

我反对道："不是这样的！布拉格现在几乎每天都有游行，每次都安静有序。只有在熟肉铺的血肠里才能见到血。"

"这种事情发展得只是比较慢。不过不要紧！它们迟早会来的。"

卡夫卡抬起手挥了几下，用以表达自己的担忧，然后继续说道："我们生活在一个邪恶的时代——从没有任何事物是名副其实的这一点中，就可以明显地看出来。人们使用国际主义这个词，以它指代人道，也就是一种道德价值，而国际主义这个词主要是用来描述地理概念的。概念被推来搡去，像被挖空果肉的空荡荡的坚果壳。比如，在如今这个人们的根早已被拔出泥土的时刻，人们却谈论故乡。"

"谁这么做了？"我问。

"我们所有人！所有人都参与了除根活动。"

"可总要有人是那个驱动力，"我倔强地说，"是谁？您心里想的是谁？"

"我谁也没有想！我既没有想驱动者，也没有想被驱动者。我只观察发生的事情。人是极为次要的。而且——既然已与演员身处同一个舞台，又有哪个批评家能够正确评论演员的表演呢？两者之间不存在距离。正因如此，一切都变得不确定，一切都在摇摆。我们生活在深陷于谎言与幻象的沼泽中，那里诞生了不少残酷无情的怪物，它们对着记者的镜头友善地微笑，实际上，它们却已在不知不觉中践踏了千千万万的人类，就像践踏恼人的虫子那样。"

我不知道该怎么接话。

我们无言地穿过美拉特里希街，走过市政厅古老的大钟，朝卡夫卡博士位于老城环形路与巴黎街交会处的住所走去。

当我们来到扬·胡斯纪念碑附近时，卡夫卡说："一切都在虚假的旗帜下航行，没有一个字符合事实。比如说，我现在要回家了。但只是看起来如此而已。实际上，我是在进入一个专门为我而设的监狱，更艰酷的是，它看起来与一间极为普通的中产阶级公寓无异，除了我，没人能认出它是监狱。因此，任何越狱的企图都消失了。如果没有可见的枷锁，人是无法从中挣脱而出的。所以，囚禁是一种被组织得极为稀松平常且不过分舒适的日常生活。一切似乎都是用结实耐用的材料制成的，一切看起来都十分稳定。但它又是一座使人坠入深渊的电梯。人虽看不见深渊，但只要闭上眼，就能听见它在眼前咆哮、呼啸的声音。"

*

我给弗朗茨·卡夫卡看了一篇以《圣经》为主题的剧本草稿。

"您打算怎么处理它？"他问道。

"我不知道。我很喜欢这个材料，但处理方式……现在对我来说，完成草稿和做裁缝活似的。"

卡夫卡把稿子递还给我。

"您说得对。只有出生的才有生命。其他一切都是虚妄：文学没有存在的权利。"

*

我给卡夫卡博士带来了一本捷克语的法国宗教诗选集[1]。

卡夫卡翻了翻这本小册子。然后小心地沿着桌面把书推还给我。

"这种文学是精巧的享乐品，我不喜欢。书中的宗教被完全蒸馏为美学。为生活赋予意义的手段成了刺激的手段，

---

[1] 该书系约瑟夫·弗洛里安出版的无定期刊物《新星与老兵》，后来还刊登过卡夫卡《变形记》的第一篇捷克语译文及第一幅卡夫卡木刻肖像。

成了像昂贵的窗帘、画作、雕花家具，以及货真价实的波斯地毯这样的华丽装饰品。这种文学中的宗教是附庸风雅。"

"您说得对，"我同意道，"由于战争，连信仰领域都出现了替代品，就是这种文学。作者把上帝的思想装饰在身上，就像戴一条五颜六色的时装领带似的。"

卡夫卡微笑着点了点头，说："那不过是一条极为普通的颈套。就好像人们总是把超脱当作逃遁那样。"

*

在我那本《乡村医生》泛黄的衬页第四页上，写着这么一段话："文学竭力将事物放置于令人愉快、舒适的光芒下。而作者又必须将事物提升到真实、纯洁、永恒的境界。文学寻求惬意。而作者找寻幸福，这与惬意毫无关系。"

我不知道这是弗朗茨·卡夫卡的格言，还是我记录下来的某次对话。

*

我的同学恩斯特·雷德勒给了我一本表现主义诗集，书名叫《人类的薄暮——最新诗作的交响曲》。

我的父亲经常翻阅我的读物,他评价道:"这不是诗句,是语言煎肉饼。"

我反驳道:"您太夸张了。新诗要使用新语言。"

"这是没错!"我父亲点了点头道,"每个春天都会长出新的草,可这草难以消化。它是语言铁丝网。我会再好好读一读这本书的。"

几天后,在去工人意外保险机构我父亲的办公室之前,我先到二楼拜访卡夫卡博士。和我打过招呼后,他把表现主义诗集放到我面前,用责备的语气道:"您为什么用这本书吓唬您父亲?您的父亲是个正直诚实的人,他有许多宝贵的经验。但他没法理解这种戏耍逻辑语言手段的堕落。"

"所以您觉得这本书不好?"

"我没这么说。"

"那它是诓人的语言杂烩?"

"不。恰恰相反。这本书对分离的见证坦率得令人震惊。此处的语言不再是黏合剂。作者只为自己说话。从他们的行为来看,仿佛语言只属于他们。可语言只授予生者一段不定的时刻。我们只能使用它。实际上,语言属于死者与未出生者。人必须谨慎对待自己拥有的事物,而这本书的作者们已经忘记了这一点。他们是语言破坏者。这是一种严重的罪过。对语言的伤害永远是一种情感与精神上的伤害,它会让世界晦暗，万物结冰。"

"可他们总在表达激烈的情感热浪！"

"只在文字中罢了。这是一种库氏疗法[1]。"

"那是欺骗，"我气愤地说，"人们在冒充自己本不是的人。"

"那又怎样？这有什么特别的？"卡夫卡的表情带着迷人的同情、耐心与宽容，"人们以正义为名做了多少不义之举？多少愚昧打着启蒙的旗帜扬帆启航？多少堕落伪装成了繁茂？这都是显而易见的事。战争不但烧毁、撕裂了世界，还照亮了世界。我们看到，这是一个人类亲手搭建的迷宫，是一个冰冷的机器世界，它的舒适与表面上的实用性逐渐剥夺了我们的权力与尊严。这一点，您可以从您父亲借给我的那本书里看得一清二楚。诗人们像冻僵的孩子般呜咽着抒情，或像狂热的拜物祈祷者般咆哮着赞美，他们越不相信在他们面前舞蹈的偶像，就越扭曲自己的词语与肢体。"

*

我的朋友阿尔弗雷德·坎姆普夫从埃格尔湖畔的阿尔

---

[1] 一种以自我暗示为主的心理疗法，创始人为法国医师埃米尔·库。

特萨特尔来到布拉格，准备继续学业。为了让他熟悉这座我热爱的城市，我带他参观了布拉格的街道、宫殿、博物馆与教堂。有一次散步的时候，阿尔弗雷德的话语令我大吃一惊，他说："所有丰饶的哥特与巴洛克风格的装饰与纹饰其实都只有一个目的，它本应用来掩饰各类事物的唯一目的：实用性。人应当忘记功能性，从而也应当忘记自己与自然和世界的紧密关系。没有目的性的美唤起了人对自由的感情。观赏性装饰的艺术文化是文明人驯服深藏于他们心中的人猿的手段。"阿尔弗雷德的话给我留下了极为深刻的印象。回家后，我把它记了下来，又逐字逐句地向卡夫卡分享。他半闭着眼睛倾听着。当时我还不知道，他很久以前就写过《为一家学院所作的报告》，讲的是一只猴子如何"变人"。因此，当他对我说了下面这番话的时候，我非常失望："您的朋友说得没错。文明世界极大程度上是以一系列成功的驯化手段为基础的。这就是文化的意义。按照达尔文主义的观点，人类的形成源自猴子的原罪。然而，一种生物永远无法彻底脱离构成他生存基础的东西。"

我微笑着答道："总会遗留下一截从前的猴子尾巴。"

"是的，"卡夫卡点了点头道，"人很难应付自我。想要与必须克服的阶段画下清晰分界线的渴望不断引发言过其实的概念，从而一再产生全新的假象。然而，这正是渴求真理最显眼的表达。人只能在悲剧的黑暗镜像中找到自己，可在那儿，一切都已经完结了。"

"猴子死了！"我冒失地喊出了声。

卡夫卡却带着一种难以形容的温柔笑容摇了摇头，否定道："怎么会！死亡完全是属于人类的事件。因此，所有人都会消逝。但是，猴子会一直在整个人类族群中生存下去。自我不过是由过去搭建的笼子，周围是永恒不变的未来之梦。"

*

卡夫卡短暂地拜访了他住在乡下的内兄，等他回来后，我对他说："我们现在又到家了。"

卡夫卡露出一个伤感的笑容。

"到家？我和我父母住在一起。如此而已。虽然我拥有属于自己的小房间，可那不是家，只是一个掩盖我内心不安，却又让我更深陷于此的避难所。"

*

将近中午，卡夫卡博士办公室。

他站在紧闭的窗前，双手高高举起，支撑在窗框上。S. 站在离他身侧两步的地方。那是一个个头敦实的职员，长着一双湿润的小眼睛，一只滑稽的蒜头鼻，仓鼠般的圆脸上布着红血丝，发红的大胡子乱糟糟的。我走进办公室时，S. 正忧心忡忡地问道："所以您不知道我们部门将如何重组？"

"不知道。"卡夫卡说着向我点头致意，并指了指办公桌旁边的"访客椅"，然后接着道，"我只知道一点，重组会打乱一切。不过您别害怕！您既不会升职，也不会降职。到头来，一切都与从前一模一样。"

那职员气喘吁吁地说："所以，您觉得他们又要无视我的功劳了？"

"是的，有可能。"卡夫卡在写字台前坐了下来，"董事会当然不会看轻自己的意义！不然岂不荒唐。"

S. 的脸涨得通红。"这太龌龊了！太不公平了！人们应该把这栋楼炸飞！"

卡夫卡把背弓了起来，从下方担忧地看着 S.，轻声说："您可不想把您收入的来源给埋了吧？难道您是说真的？"

"没有，"S. 抱歉地回答道，"我不是这个意思。您了解我的，博士先生。我真是个老实人，可是这种重组，这种在办公室持续蔓延的不安感可让我烦透了。我不得不找个地方说出来。这话我只是说说而已——"

可卡夫卡打断了他的话:"这正是危险所在。语言为行动铺路,是引发燎原大火的火花!"

"我真不是那个意思。"职员惊慌失措地向他保证道。

"您嘴上这么说,"卡夫卡笑着回答道,"但您知道事情的真实情况吗?或许我们已经坐在一个能让您愿望成真的火药桶上了。"

"我不相信。"

"为什么不信?您看看窗外!炸药已经在行进,我们的工人意外保险机构和周围所有的设施都会被炸飞。"

职员在下巴前叠起短小粗壮的手指,道:"您太夸张了,博士先生。街上没有危险。国家很强大。"

"是的,"卡夫卡点了点头,"它的力量建立在人们的惰性与需要休息的基础上。可如果我们不再满足这两点会发生什么?您刚才的咒骂会成为普遍有效的贬损辞令,因为语言是魔咒。它会在大脑中留下指纹,转瞬之间便会成为历史的足迹。人必须谨慎对待每一个词语。"

"是,您说得对,博士先生,您说得很对。"S.不知所措地告辞了。

当他关上身后的门时,我笑了。

卡夫卡博士投来一个利箭般的眼神。

"您为什么笑?"

"这个可怜的家伙实在太可笑了。他根本没听懂您的话。"

"一个人不理解别人的时候,他并不可笑,反而是被孤立、被抛弃的,是可怜的。"

我企图为自己辩解:"您是在开玩笑吧!"可卡夫卡缓慢地摇了摇头,表示否定。

"不!我刚和S.说的话完全是认真的。在当今这个世界,到处都闪动着重组的梦想。什么事都可能发生。您明白我在说什么吗?"

"我明白,"我轻声道,感觉温暖的血液涌上了脸庞,"是我太麻木,太笨了。请您原谅我。"

可卡夫卡只向后甩了甩头,轻声一笑,然后用安慰的语气对我说:"可您现在,用您自己的话说,实在太可笑了。"

我悔恨不已地瞧着地板道:"没错,我就是条可怜的狗。"我站了起来。

"您这是做什么?快坐下!"他一把打开办公桌的抽屉,"我今天给您带了一大包各式各样的杂志。"他笑了,我却越发觉得惭愧。可我还是坐下了。

*

又有不同的职员来找卡夫卡博士咨询即将到来的重组,

后来我还见到过两次。可卡夫卡博士没办法告诉他们任何具体的事情。同事们觉得他没有站在职员一边,而是工人意外保险机构顺从的奴仆,这让他备感压抑。因此,有些职员对法律顾问弗朗茨·卡夫卡发表了一些令人不快的评论。尤其是我在卡夫卡博士那儿碰到的某位 M. 先生,他是我同学的父亲。

"好吧,"他淡淡的语气中明显透露着隐隐的恨意,"您不说话。当然了。机构的法律顾问又不能反抗领导层。他一定要管住自己的嘴。实在不好意思,博士先生,是我太直接了,打扰您了。"

M. 鞠了一躬,离开了。

卡夫卡的脸像木雕般僵硬。他闭上了眼睛。

"真是个厚颜无耻的流氓。"我充满敌意地说道。

"他不是厚颜无耻,"卡夫卡用一双忧伤的黑眼睛看着我,低声道,"他只是害怕,所以他才待人不公道。丢失饭碗的恐惧蚕食了人的个性。这就是生活。"

我嘟囔道:"这可多谢了!这种生活会让我感到羞耻的。"

"大多数人根本就不能算是活着。"卡夫卡非常平静地回答,"他们就像攀附在礁石上的细小珊瑚那样附着于生命。但是,人类远比这些原始生物可怜。他们既没有为他们抵御海浪冲击的坚固岩礁,也没有钙盐形成的外壳。他们只能分泌出一种具有腐蚀性的胆汁黏液，使他们更虚弱、更孤独，因为这黏液使他们与其他人隔绝。对此又有什么办法呢？"

卡夫卡张开双臂，又让它们像一对麻痹的翅膀般无力地垂下。

"大海赋予这种不完美的造物生命，那我们难道应该质疑大海？可那就是质疑自己的生命，因为人也不过只是这样一只可怜的小珊瑚。因此，人只能极力忍耐，无言地将所有、所有涌上来具有腐蚀性的胆汁黏液吞下去。这就是人为了不对自己与他人感到羞耻所必须做的一切。"

*

在法务部领导办公室的窗户旁，并排摆放着两张没有装饰的黑色外交商务桌，宽的那一边靠在一起。从前门看去，卡夫卡博士在左边的桌子上工作。他的对面是特雷默尔博士，他长得很像前奥匈帝国外长利奥波德·贝希托尔德伯爵。卡夫卡的这位同事对此颇为沾沾自喜。因此，他努力通过各种手段凸显这种相似性：胡子或发型，高高立起的领子上系着的阔边领带，领带上佩戴的黄金别针，扣子扣得很高的马甲，还有那高人一等、恩威并施的语气，无不如此。这让工人意外保险机构的大多数职员都不喜欢他。他们都叫他

"没落的司法伯爵"。据我父亲说,这个绰号是由一个名叫阿洛伊斯·居特林(Alois Gütling)的先生起的。就我如今记忆中的印象,他是个矮小、纤细、衣着优雅的职员,一头黑发总是梳得整整齐齐。

居特林写过诗,如果我没记错的话,他还写过一些从未上演过的剧本,他崇拜理查德·瓦格纳与他所谓的旧日耳曼式的头韵。他无法忍受特雷默尔博士,因为卡夫卡对面的这位同事用"长满胡子的中产阶级诗歌"来形容居特林自费出版的文学产品《明亮跃动的烈火》,还说这些诗中胡扯的都是"已被统治阶层抛弃的、旧日耳曼式的小市民理想主义"。

除了与贝希托尔德伯爵的相似之处,特雷默尔博士还因鲜明的资产阶级唯物主义的世界观自命不凡。我曾经在他的办公桌上见过恩斯特·海克尔[1](Ernst Haeckel)、查理·达尔文、威尔海姆·波尔施[2](Wilhelm Bölsche)以及恩斯特·马赫[3](Ernst Mach)的书。所以,有一次当我拜访卡夫卡博士,发现居特林先生在他的办公桌旁,手中拿着一册黑封面、大开本的书,念出上面烫金的题目时也不足为奇。

---

1 德国生物学家、博物学家。将达尔文的进化论引入德国。
2 德国作家、出版人。
3 奥地利物理学家、哲学家。

"达尔文——《物种的起源》——"他叹了口气。

"嘿,伯爵先生在猴子那儿寻根问祖呢。"居特林眨了眨眼,试图得到卡夫卡的附和。然而,卡夫卡使劲摇了摇头,不紧不慢地说道:"我觉得现在这已经没什么意义了。现在的问题不在于祖先,而在于后人。"

"为什么?"居特林把书放在桌子上道,"特雷默尔可是个光棍。"

"我说的不是特雷默尔,而是整个人类家族。"卡夫卡将骨节分明的手指交叉在胸前,"如果像这样继续下去,这个世界很快就只剩下批量生产的自动装置了。"

居特林笑道:"您太夸张了,博士先生。那只是乌托邦。"他的目光无助地在我与卡夫卡博士之间游移了一会儿,然后停留在卡夫卡博士的鼻根处,接着,他发牢骚道,"这就有点像您的《变形记》。这种事情我是明白的。我自己也是个作家。"

卡夫卡点了点头说:"是的,您确实是。"

居特林略有保留地举起双手:"只是副业而已!我的主业不过是一个毫无意义的小职员罢了。所以我现在必须走了。"

他道别离开了。

我至今还记忆犹新,等他走后,我带着悲哀失望的声调问道:"您真的觉得他是个作家?"

卡夫卡的眼中闪烁着小小的绿色火花。他莞尔道："是的，字面意思[1]。他是个密闭者，一个密不透风的人。"

我大笑道："钉得死死的那种！"

卡夫卡举起双手表示异议，像是要把我的笑声推还给我似的，他的声音中带着些许反对："我可没这么说！他确实把自己包得很紧，现实无法穿透他。他完全被封锁在自我中了。"

"他被什么封锁了？"

"一堆陈旧的词语与想法组成的废话。这些东西比厚重的板甲还结实。人躲在它的背后，好让自己不受到时代的变化影响。所以，空话才是最坚实的恶之堡垒。是一切热情与愚蠢最为恒定的防腐剂。"

卡夫卡整理桌上的纸张。我默默地看着他，刚才听到的话还在我内心回荡，我的手指不由自主地抚摸着面前那本我走进办公室时居特林拿在手里的书。

卡夫卡看到了，说："这是特雷默尔博士的书。请您把它放回他的桌子上。要是他发现书不在他桌子上，他会极其恼怒地瞪着您的。"

我照做了，一边还问道："他真的对这些东西感兴趣吗？"

---

[1] "密闭者"与"作家"在德语中一语双关。

"是的,"卡夫卡点点头,"他学的是自然史、生物与化学。他想深入造物最细微之处的机理,并以此理解生命的意义。不过这当然是走不通的。"

"为什么呢?"

"因为我们能够通过这种方式找到的意义,只不过是一种极其微小的反应。那是一滴水中的天空,一幅因我们最轻微的颤动而错位模糊的图像。"

"所以您的意思是,博士先生,我们永远都无法得知真理?"

卡夫卡沉默了。他的眼睛变得狭长而阴沉。他极为突出的喉结在颈部的皮肤后上下滑动了好几下。他盯着自己搁在桌子上的指尖许久。然后,他轻声说:"上帝、生命、真理——这只是同一事实的不同名字。"

我继续追问道:"我们究竟能不能理解它?"

"我们经历它。"卡夫卡说,他的声音中带着些许不安的颤抖,"我们赋予它不同的名字,试图以不同的思维结构掌握的事实贯穿于我们的血管、神经与感官。它存在于我们内心深处,或许这正是我们无法看透它的原因。我们真正能够理解的是秘密、是黑暗——那是上帝的寓所。这很好,因为如果没有这种保护性的黑暗,我们将战胜上帝。这或许是符合人类本性的。儿子废黜父亲。所以,上帝必须隐藏在黑暗中。然而，因为人类无法穿透上帝，他至少也要攻击到神性周遭的幽暗。他将火种投入霜寒的黑夜。而黑夜宛如橡胶般充满弹性。它退却，可它仍旧在持续。只有人类灵魂的黑暗是转瞬即逝的，它是水滴中的光与影。"

*

我与卡夫卡博士在码头上。满载的煤车在铁铸旱桥上驶过。

我告诉卡夫卡，战争的最后一年，我所居住的卡罗林塔尔区里的男孩去齐兹卡山郊游。他们在铁轨上升的弯道处跳上缓慢行驶的货车，将煤从敞开的货车上捅下来，然后再把煤挑在一起，装进带来的麻袋中运回家。我的一个同学——斜视的卡雷尔·本达，一位辛勤劳作女仆的儿子——跳车时被卷到轮下，碾得粉碎。

卡夫卡问："您亲眼看到的？"

"没有。我只是听男孩们说的。"

"您没参加过男孩们的偷煤探险？"

"哦，参加过！我和煤矿小队——男孩们都是这么叫的——一起去过几次。但我只是个旁观者。我不偷煤。我们家有的是煤。我和他们一起去齐兹卡山的时候，我一般都在旁边，坐在灌木或是树的后面，远远地看着他们。这种事经常都特别令人紧张。"

"争取性命攸关的温暖总是特别令人紧张，"卡夫卡语气尖锐地强调了我话中的词语，"这毕竟是生存与死亡的抉择。您不能只顾着看。那儿没有什么保护性的灌木或树。人生也不是齐兹卡山，谁都可能被碾入车轮。比起拥有足够燃料的强者与富者，弱者与贫者更先一步。没错，后者甚至在车轮还未转之前就已经崩溃了。"

我点了点头："确实如此。有几次，小本达坐在我身边的灌木丛里。眼泪顺着他的脸颊流下来。他很害怕。他本不想偷煤。他之所以这么做，是因为其他男孩子嘲笑他，还因为他两手空空回家的时候，他母亲用地毯拍揍了他好几次。"

"您说对了！"卡夫卡博士幅度很大地挥了一下手，高喊道，"您的同学，小卡雷尔·本达，并不是被货车碾碎的，而是早在很久之前就已经被周围的无情撕得粉碎。通往灾难的路途比它的结局更可怕。没有其他的可能性！如此鲁莽地跃上正在行驶的煤车所代表的暴行并不能为他们带来多少好处。挑下的几块煤很快就会烧尽，他们很快又将冷得瑟瑟发抖。他们一次次重新跳跃所需的力量将日复一日地减少，跌倒的危险却越来越大。此时还不如去乞讨，或许还有人会给我们扔上几块煤……"

"是啊，您说得对！"我打断了他的话，"煤矿小队一开始的行为确实像是一种乞讨。小伙子们沿着铁路站，向铁道职工讨煤。铁道职工通常会向他们扔几块煤。直到再也没有慷慨的铁道职工出现之后，他们才开始跳煤车。"

卡夫卡博士又点了点头。"没错，就是这样。直到所有得到馈赠的希望都消失，陷入绝望的时候，小伙子们才冒险去跳车。我现在仿佛就能看到他们，是绝望将他们逼到了车轮下。"

我们默默继续向前走。卡夫卡盯着迅速变暗的河流看了一会儿。然后他说起了其他事情。

*

有一次用过晚饭，我曾和我父亲说起下午与弗朗茨·卡夫卡的漫步，他说："卡夫卡博士是耐心与善良的化身。我不记得事务所里有任何人因为他而产生过矛盾。不过，他的平易近人并不意味着示弱或怠懒。恰恰相反，卡夫卡博士格外严谨、公正、善解人意的行为不由自主地让周围的同事也采取了与他相同的态度，这才体现了他的平易近人。人们顺着他的意思说话，觉得很难与他意见一致的时候，人们宁愿保持沉默，以免与他发生矛盾。这种事屡屡发生，因为卡夫卡经常发表尤为独特、非大众化、反对一切常规的看法。工人意外保险机构的人并非总能理解他。可大家还是喜欢他。在他们眼里，他是个与众不同的圣人。而且，在许多其他人眼里也是如此。就在不久以前，一个被工地升降机压断了左腿的年迈辅助工人就曾经和我说：'他不是个律师，他是个圣徒。'这个辅助工人本来只能从我们这儿获得很小一笔赔偿金。他向我们递交了一份申诉书，从法律上来看，该申诉书的表达是不正确的。若不是在最后时刻有个布拉格的知名律师前去拜访这位瘸腿而年迈的辅助工人，分文不取且十分专业地为他修改申诉书，帮助这个可怜的穷光蛋赢得了法律的支持，这个老人肯定要打输官司。后来我才知道，是卡夫卡咨询、委托了这位律师，酬金也是卡夫卡支付的，好让他这个意外保险的法律顾问在诉讼时尊严体面地败给一位年迈的工人。"

我听得入神，可我父亲的表情却很担忧。

他说："卡夫卡博士如此处理的案件不仅这一件。职员们议论纷纷，有些人很佩服他，也有人说他是个不称职的律师。"

"那你呢？"我打断道，"在这件事上你是怎么看他的？"

父亲做了一个无奈的手势，答道："我还能怎么看卡夫卡博士呢？对我来说，他不只是同事。我喜欢他。所以，我才对他的仗义感到担忧。"他表情阴郁地拿起面前的咖啡杯。

后来我才得知，我的父亲曾多次协助卡夫卡博士进行"仗义行动"，所以，他们真的不只是同事关系，在好几件案子里，我的父亲是弗朗茨·卡夫卡的同谋。

他把咖啡杯再次放到面前，说："博爱是很有风险的，所以它才是最高尚的美德之一。卡夫卡博士是犹太人，他却比我们办公室里那些可爱善良的天主教徒与新教徒更具有基督教的仁爱精神。他们迟早要为此感到羞愧。这可能会导致他们做出一些卑鄙的行为。人们常常会用更大的错误来掩饰错误。一个被抓住把柄的职员轻而易举地就会把卡夫卡的仗义行动泄露出去。所以，卡夫卡博士在博爱的时候应该更谨慎些。你和他说说。"

两天后，当我陪卡夫卡回家时，我把父亲的话告诉了他。他先沉默了片刻，然后说道："实情与您父亲的看法不太一样。基督教的博爱与犹太教之间并没有矛盾。恰恰相反！博爱是犹太人的道德成就。基督是个犹太人，他把福音书带到了全世界。此外，每一种价值——无论物质的还是精神的——都与风险相关，因为每一种价值都需要经受考验。至于环境中的羞耻感，您父亲说得没错。一个人不能激怒他人。我们生活在如此一个恶魔当道的时代,几乎只有在最隐秘的情况下才能行善,主持正义——仿佛那是在违法乱纪似的。战争与革命没有消失。正相反!我们感情的冷漠助长了它们的热浪。"

我不喜欢卡夫卡的语气,于是我说:"那么,根据圣经的说法,我们生活在火炉里!"

"没错,"卡夫卡点了点头,"我们依然在那里,这是个奇迹。"

我摇头道:"不,博士先生,这很正常。我不相信世界末日。"

卡夫卡微笑道:"这是您的责任。您还年轻。一个不相信明天的青年是在背叛自己。人要想活下去,就得相信。"

"相信什么?"

"相信万物与所有时刻之间充满意义的关联,相信作为整体的生命之永续,相信最近与最远的事物。"

*

我向卡夫卡讲述了我在新德意志剧场中观摩的两部风格各异的独幕剧,两部戏的作者分别是瓦尔特·哈森克勒弗尔(Walter Hasenclever)和阿图尔·施尼茨勒(Arthur

Schnitzler）[1]。

"表演不太协调，"我的讲述快结束时，我说，"一部戏中的表现主义渗入了另一部戏中的现实主义，反之亦然。或许他们没有花足够的时间研究作品。"

"有可能，"卡夫卡说，"布拉格德意志剧场的经营情况很困难。从整体上来看，该剧场的财政与人事关系形成了一个巨大的整体，剧场却没有与之相称的庞大受众群。它是一座没有地基的金字塔。演员听命于导演，导演受剧院管理层领导，最后又受制于剧院协会。作为一条链子，却没有最后将一切整合起来的链环。这里没有真正的德意志文化，因此也没有真正可靠而稳定的观众。在剧院包厢与前排就座的、说德语的犹太人并不是德国人，而专程来到布拉格、坐在楼座与回廊上的德国大学生只是外来力量的前哨，是敌人而不是观众。在这种情况下，他们自然不可能创作出严肃的艺术作品。力量被损耗在琐碎的事情里了，剩下的只有几乎永远都达不到预期中良好的效果的努力与勤勉。这就是我不进剧院的原因。太可悲了。"

---

[1] 两部戏分别为哈森克勒弗尔的《拯救者》与施尼茨勒的《绿鹦鹉》。

＊

德意志剧院正在上演瓦尔特·哈森克勒弗尔的《儿子》[1]。

弗朗茨·卡夫卡说："儿子对父亲的反叛是一种古老的文学命题，还是一种更古老的世界问题。以此为主题的戏剧与悲剧层出不穷，然而在现实中，它是喜剧的题材。爱尔兰人辛格便正确地认识到了这一点。他的剧作《西方世界的花花公子》中的儿子就是个满口胡话的青年人，他吹嘘自己把父亲打死了。可就在此时，老爷子的出现让这个要征服父亲权威的年轻人无所适从。"

"我看，您对这场青年对抗长者的战役充满怀疑。"我说。

卡夫卡笑了。

"我的怀疑并不能改变事实，这场战役其实只是虚假的战役。"

"为什么是虚假的战役？"

"长者是青年的未来，他们迟早会变老的，那为什么还要斗争呢？为了更快速地变老，更迅速地去世？"一位职员走了进来，打断了我们的对话。

---

[1] 一部在 1920 年及之后风靡一时的德语表现主义戏剧。

＊

维也纳宫廷演员鲁道夫·希尔德克劳特（Rudolph Schildkraut）在德意志剧院访问演出，演的是沙洛姆·阿什（Shalom Asch）的作品《复仇之神》。

我们与卡夫卡谈论这件事。

"鲁道夫·希尔德克劳特是个公认的伟大演员，"弗朗茨·卡夫卡说，"可他是个伟大的犹太演员吗？我觉得这一点值得怀疑。希尔德克劳特在犹太剧中扮演犹太人的角色。可他并不是专门为犹太人扮演犹太人，而是在为所有人扮演德国人，所以他并不是一个道地的犹太演员。他是个边缘形象，一个让人得以窥见犹太人生活中的亲密关系的中间人。他拓宽了非犹太人的视野，但实际上并没有澄清犹太人的存在。只有那些为犹太人扮演犹太人的可怜犹太演员才会这么做。他们用他们的艺术吹走了犹太人本质上属于异域生活的沉积物，将犹太人那张被隐藏、沦落在遗忘中的面孔置于明亮、开阔的光芒中，从而在时代的喧嚣中强化了人类的力量。"

我告诉他，战争即将结束时，我曾在盖斯广场上一家名叫萨伏依的小咖啡馆看了两场犹太巡回剧团的演出。卡夫卡很是惊讶。

"您怎么会上那儿去？"

"我和我母亲一起去的。她在波兰生活了很长时间。"

"您觉得戏演得怎么样？"

我耸耸肩。

"我只记得，我基本听不懂他们说的话，他们说的都是行话。但我母亲很喜欢那些演员。"

卡夫卡向远处望去。

"我认识萨伏依咖啡馆里的犹太演员。大约是十年前的事了。他们的语言也给我带来了一些困难。然后我发现，我能听懂的意第绪语比我预想的多。"

"我母亲会说一口流利的意第绪语。"我骄傲地说。我告诉他，在我六岁的时候，我曾与我的母亲一起走进普泽米斯尔市犹太区的施瓦茨巷。男人与女人们纷纷从陈旧的房子与漆黑的杂货铺中跑出来，亲吻我母亲的手与裙裾，又是哭又是笑，嘴里还高声嚷道："我们善良的夫人！我们善良的夫人！"我后来才知道，当年屠杀犹太人的时候，我的母亲把许多犹太人藏在家里。

当我叙述完这些回忆后，弗朗茨·卡夫卡说："我想跑去犹太聚集区里的可怜犹太人那儿，亲吻她们的裙裾。什么都不说。如果他们能一言不发地容忍我待在他们身边，我就非常快乐了。"

"您那么寂寞吗？"

卡夫卡点了点头。

"就像卡斯帕·豪泽尔（Kaspar Hauser）[1]？"我又问。

卡夫卡笑道："比卡斯帕·豪泽尔糟糕多了。我像弗朗茨·卡夫卡那样寂寞。"

*

有一次，我与朋友阿尔弗雷德·坎姆普夫去散步。我们穿过布拉格老城的狭窄的小巷与穿堂房屋，到达现代化的护城河时，他对我说："布拉格是一座悲剧之城。从建筑中就已经可以看出这一点，中世纪与新时代的建筑式样几乎毫无过渡地交织在一起。这给一列列房屋增添了瓢浮感与幻境感。布拉格是一座表现主义之城。房屋、街道、宫殿、教堂、博物馆、剧院、桥梁、工厂、塔楼，以及出租的营房，处处都是蕴含着深刻内在律动的石化痕迹。布拉格的市徽上有一只砸碎令人窒息的城墙栅栏门的铁拳，这不是没有道理的。城市的日常面貌中隐藏着一种狂热的、戏剧性的生命意

---

[1] 1828 年突然出现在德国纽伦堡的少年，他不傻不疯，却与世隔绝，没有任何主观行为思考能力。

志，它试图通过粉碎陈旧的形式来确保崭新的生命。然而，毁灭就潜伏在这里。暴力滋生暴力。日益发达的技术将粉碎铁拳。现在已经飘浮着废墟的味道。"

回家后，我在日记本上记下了坎姆普夫的话，以便第二天到工人意外保险机构念给卡夫卡博士听。

他专心地听着我说，等我把日记本合上，放进膝盖上的公文包里时，他抿了抿下唇。然后，他缓缓地向前弓下身子，将双臂舒服地放在办公桌上，他脸上的紧张表情消失了。他小心翼翼地轻声对我说："其实，您朋友的话本身就已经是一记铁拳。我能想象您听到这话时的震惊。我在我朋友面前的时候也常这样。他们太健谈了，总是逼着我反思。"

他用他特有的方式轻笑了几声，让人想起在纸上写字的沙沙声。然后他仰起头，目不转睛地盯着天花板："不只是布拉格，这个世界都充满了悲剧性。技术的铁拳击碎了所有的防护墙。这不是表现主义，这是赤裸裸的日常生活。我们像被驱往刑场的囚犯般追逐真理。"

"为什么？是我们搅乱了秩序？是我们打破了和平？"我话中迫人的语气让我自己也吃了一惊，于是我不由自主地把大拇指凑到唇边，试图从卡夫卡的目光中探出他对我情绪爆发的反应。可他的目光超越了我，超越了所有东西，径直看向无限遥远的地方。不过，他对我问题的每一句评价都非常精准。

他说："是的，我们是秩序与和平的破坏者。这就是我们的原罪。我们把自己凌驾于自然之上。我们要的不只是芸芸众生那样生死轮回，我们还想把每一个作为个体的生命尽可能快乐而长久地保存下来。这种叛乱反而令我们丧失了生命。"

"我不明白，"我开诚布公地说，"我们想活，不想死，这不是天经地义的吗？这儿非同寻常的罪过是什么？"

我的声音里带着些许讽刺，可弗朗茨·卡夫卡似乎没有觉察到，他极为平静地说："我们试图将自己有限的个人世界凌驾于无限之上。这样一来，我们打乱了事物的循环。这就是我们的原罪。宇宙与地球上的一切现象都与天体一样循环往复，亘古不变，只有人，具体的人类生命才循着生死的直线行走。对于人类来说，不存在个人的复还。人只能感受到衰落。他因而与宇宙的秩序交错。这就是原罪。"

我打断道："可这不是人的错！这是命运强加在我们身上的东西，怎么能算是罪过呢？"

此时，卡夫卡慢慢地将脸转了过来。我看到了他灰色的大眼睛，那双忧郁的眼睛中透出捉摸不透的光芒。他整张脸被深沉的宛如磐石般的宁静笼罩着，只有略略突出的下唇翕动了一下。还是说那只是影子？

他问我:"您是在向上帝抗议吗?"

我低头看着地板。办公室里一片静默。墙后响起轰隆隆的声音。

接着,卡夫卡说:"否认原罪,就是否认上帝与人类。或许,人类的自由正是由必死性赋予的。可谁又知道呢?"

*

一次沿着老城环形路散步的时候,我们谈到了马克斯·布罗德的剧本《伪造者》。我向卡夫卡解释了我对导演这部戏的设想。我们正谈到,一个女子的出现改变了整个局面,我想让舞台上的人物在她进场后慢慢后退,可卡夫卡不同意。

"所有人必须像被雷电击中般立刻后退。"他说。

"那就太戏剧化了。"我反对道。

可卡夫卡摇了摇头。

"就应该这样。演员就应该戏剧化。演员的感受与表达应该比观众的更强烈,这样才能对后者产生预期的效果。如果戏剧要对生活产生效果,那它就要比日常生活更激烈、更具冲突。这就是重力法则。射击时就要瞄准更高的目标,要超越目标。"

布拉格城邦剧院上演了恩斯特·韦斯（Ernst Weiß）的革命剧《塔妮娅》，他也是马克斯·布罗德朋友圈子里的人。

当我为卡夫卡介绍我看到的表演时，他说："最美的是梦见塔妮娅孩子的那一幕。当将不真实的东西化为真实时，剧院的功效是最强的。此时的舞台成了灵魂的潜望镜，它从内部点亮事实。"

*

作曲家古斯塔夫·马勒（Gustav Mahler）的亲戚，我的同学乔治·克劳斯（George Kraus）借给我两本法国作家亨利·巴比塞（Henri Barbusse）的书：《火线》与《光明》。

这两本书其实是我为卡夫卡借的，他评价道："火，战争的标志，与事实相符。光明则是个充满梦想与希冀的标题。战争使我们陷入了扭曲的镜子迷宫。我们在一个又一个虚幻的前景间踉跄，成了假先知与庸医的迷茫的牺牲品，他们廉价的幸福秘方只蒙住了我们的眼睛与耳朵，让我们像穿过活板门似的穿过镜子，从一间地牢跌入另一间地牢。"

说实话，当时我并无法完全理解卡夫卡说的话。可我也不想被看作理解能力低下的人，于是我以提问掩饰："是什么让我们陷入此等境地？又是什么令我们难以自拔？从某种程度上来说，我们不也是出于个人意志，才走上通往镜子大厅的路吗？究竟是什么让我们这么做？"

"是我们超人一等的贪婪与虚荣，我们权力意志的狂妄。我们为了没有真正价值的价值缠斗，最后却漫不经心地毁掉了与我们个人生存紧密相连的东西。这是种将我们拖入泥淖，谋害我们的迷惘。"

*

我把卡西米尔·埃德施密特（Kasimir Edschmid）的《双头的宁芙》带到了工人意外保险机构，他在《提奥多尔·多埃布勒与抽象学派》这一章中提到了弗朗茨·卡夫卡。

"您知道这本书？"我问。

卡夫卡点了点头："有人曾经与我提过。"

"您觉得他说得如何，博士先生？"

弗朗茨·卡夫卡耸了耸肩，用右手做了一个无可奈何的手势。

"埃德施密特把我说得像是个设计师似的，可我只是个平庸、笨拙的绘图员。埃德施密特称我在寻常的工序中练习奇迹。这当然是他严重的误解。寻常本身就已经是一个奇迹了！我只是照着它作画罢了。我可能会把东西画得亮一些，就好比半明半暗的舞台上的灯光。但这是不正确的！在现实中，舞台根本就不暗，它充满了白日的光辉。这就是人们闭上眼，视而不见的原因。"

"观点与现实之间总存在痛苦的落差。"我接道。

卡夫卡点了点头。

"一切皆是战役、缠斗。只有配得上爱与生命的人才须每日将之征服。"

他略做停顿。然后他带着讽刺的笑容小声说道："歌德说的。"

"约翰·沃尔夫冈·冯·歌德？"

他迅速点了点头。

"歌德几乎把与我们人类有关的事都说尽了。"

我的朋友阿尔弗雷德·坎姆普夫告诉我，奥斯瓦尔德·施彭勒（Oswald Spengler）的《西方的衰落》就是借鉴自歌德的《浮士德》。

"非常有可能，"弗朗茨·卡夫卡说，"许多所谓的学者就是把作家的世界移植到其他的学术层面上，并且成功地获得了声名与影响力。"

*

我的父亲对各种木工活都抱有浓厚的兴趣,他在阁楼上有一间小小的木工作坊,里面放着一张木工刨台和一把真正的小圆锯。他还一直梦想能购置一台木工车床。我父亲有个相交多年、极为敬佩的朋友,他叫扬·车尔尼,是个税务员。不过那只是他维持生计的行当。真正让他感兴趣的是意大利小提琴匠的秘密。为了深入研究这一工艺,他利用多年的业余时间钻研意大利、德国与捷克的老式小提琴的漆面、木质、容积与结构。他学习了化学、历史与声学。他拥有数量惊人的弦乐器和特殊的电测仪器。自然,他还有个设备齐全的车间,里面有两台我父亲梦寐以求的木质车床。所以,他经常一下班就往车尔尼家跑。有一次我父亲还把我带去了,这位狂热的小提琴匠要试奏他的新作品,我父亲让我用钢琴为他伴奏。

我清楚地记得那一天——那是5月初的一个雨天——但我已经不记得车尔尼当时的地址了。但"小提琴实验室"(我父亲常这么称呼车尔尼的公寓)的氛围始终清晰地留在我的记忆里。

走入车尔尼的住所后,它给人留下的第一印象只是一间小小的、整齐的职员宿舍。不过这只是种欺骗性的表象,隐于其后的是一座炼金术士的巢穴。公寓业主一分为二的生活爱好，从车尔尼家的安排中便能看得一清二楚。

在狭窄的类似走廊的前厅左侧有一间小厨房，旁边是一个相当阴暗的起居室。这就是车尔尼先生与他的妻子阿格妮丝小资产阶级生活的舞台。但就在对面，前厅的另一侧，是他倾注了全部激情的场所，那是一间巨大的被粉刷得雪白的房间，墙壁上挂着奇怪的图表、曲线图与几把小提琴，长长的壁架上摆着大量化学试管、罐子、灯管、量具，以及好几个附刷子的大锅。旁边是两扇窗，窗前有一张木工刨台，旁边放着一架黑色的大钢琴。左边的墙边靠着两张车床，高高的架子上杂乱无章地堆着各色文件夹，还有一个摆着酒精灯的小桌子。桌子对面，门右侧蒙着灰尘的铁制衣架上挂着几件脏兮兮的画家工作服，几条陈旧、破破烂烂、沾满油彩的深色长裤，还有一顶沾满灰尘的锈褐色圆顶硬礼帽。旁边的墙上斜靠着几块长短不一的窄木板。整个房间弥漫着一股刺鼻的油烟、糨糊与烟草味，让我的鼻子痒得难受。我父亲的眼睛却闪闪发亮。他说："这可是个木工车间哪，不是吗？你看到那些车床了吗？"

我只敷衍地应了一声。

然后我们走进卧室与起居室，那儿放着铺着绿色绒面外套的家具，一张圆桌与两张石棺般的双人床。车尔尼太太端来了放了奶油的咖啡与一块高高的蛋黄蛋糕。咖啡闻起来有股煤油的味道，香草味的蛋糕像沙子或玻璃砂纸那样在牙间吱嘎作响。不过，我之所以会有这样的感觉，很可能是因为我完全被小提琴实验室冲昏了头脑。

为了摆脱这种印象，我事后写了一个名叫《寂静的音乐》的故事。灵感的来源是拜访车尔尼时他所说的一段话。

他说："活着就是忍受运动、进行运动。然而，只有部分运动是以空间变化的形式出现的。还有很大一部分我们所忍受的运动是没有位移的。一切有生命的东西都在震动。一切有生命的东西都在嗡鸣。而我们只能听到其中的一部分。我们听不见血液循环，听不见身体组织的死亡与生长，听不见化学反应的声音。但我们机体中的微小细胞，我们的大脑、神经与肌肉纤维都被听不见的声音冲刷。它们与我们周围的事物产生了共振。这就是音乐的力量所在。我们可以用音乐激发深刻的情感震动。为此我们使用乐器，而它所蕴含的音调能力是至关重要的。这意味着，决定性因素并非音量与音色，而是隐藏的调性特征，即音乐刺激、触动神经的强度。这是每一种乐器及每一个乐器匠人最根本的问题。乐器匠人必须尽力为他的乐器赋予最高强度的音调。换而言之，他必须制作出一种乐器，它能将原本听不到的、感觉不到的震动提高到人的意识中。因此，如何唤醒寂静才是匠人要考虑的关键。他必须从寂静中提取出隐藏的声调。"

根据这些想法，我写了一个关于乐器匠人的奇幻故事。他用新的音响设备为听者带来了前所未有的、迄今为止最匪夷所思的、充满愉悦的听觉刺激，该刺激的强度已经提升到了痛苦的领域，到达了能撕裂听众神经的地步，过了一段时间后，它令发明者陷入了疯狂。

我把故事带给了卡夫卡博士，过了几天，他微笑着告诉我："我知道您写的那个声学巫师的厨房。我和您父亲一起到车尔尼先生那儿去过好几次。我们在那儿刨了些木板。为此，我们还获准在车床上做了点小东西。车尔尼先生向我们解释了他的寂静理论能为音乐带来的潜能，还为我们展示了他新制作的那把特殊的小提琴，它狭窄的侧壁上开了几个音孔。他甚至还为我们演奏了几曲，可我完全不理解。我只记得，那把新琴发出一种易碎的、略带金属感的声音。这就是车尔尼的乐器唯一引起我注意的地方。我把这件事告诉了他。或许是我让他难受了，因为他后来就不像之前那样对我那么友好了。所以我就再也没去过他那儿。"

"您对车尔尼的寂静理论怎么看？"

"不是什么新鲜事。就像 X 射线一样，自然也有人类耳朵听不见的声波。我记得，有个法国人——他的名字我现在记不清了——进行了一系列机敏的实验，发现昆虫之间就是通过这种人耳听不见的声波进行交流的。既然如此，为什么不可以扩大我们接受能力的界限呢？人又不是石头。人也拥有变化能力。矿物分解、溶解、凝结成有几何规律的晶体。人不仅是自然的作品，也是他自己的作品，是一次又一次突破既定的界限，让至今还在黑暗中的东西变得清晰可见的恶魔。"

"所以您觉得应该严肃对待车尔尼。"

"当然！应该严肃对待每个人。每个人都拥有各自独特的幸福需求。究竟是天才的视界，还是愚蠢的自说自话，只有时间才能决定。"

"博士先生，您相信它是公正的吗？"我怀疑地问道，"时间是雅努斯[1]，它有两张脸——"

"它甚至还有两个基底。"卡夫卡笑道，"它是持久，是对衰落的抵御，它与未来的可能性，与对崭新持久的希冀联系在一起。它是赋予每个现象以自觉存在的变化。"

*

我在卡夫卡的办公室里。我带去了克里斯蒂安·莫根

---

1 罗马人的门神与保护神，具有前后两张面孔。

斯特恩（Christian Morgenstern）的《绞刑架之歌》。

"您知道他严肃的诗歌吗？"卡夫卡问我，"像《时间与永恒》，还有《阶段》。"

"不，我根本不知道他还写过严肃的诗。"

"莫根斯特恩是一个极为严肃的诗人。他的诗歌太过严肃，为了将自己从这种非人的严肃中拯救出来，他才写了《绞刑架之歌》。"

*

布拉格的德语诗人约翰内斯·乌尔兹迪尔（Johannes Urzidil）收集并出版了一位已故朋友的诗歌，后者去世时还未满二十岁。

我问弗朗茨·卡夫卡是否认识逝者。答案我已经不记得了，但他的结语我记得很清楚。

"那是一个如此不幸的年轻人，在咖啡馆里的百岁犹太人中间迷失了方向，然后死了。他还能做什么呢？咖啡馆是这个时代犹太人的地下墓穴。没有光与爱。这不是每个人都能承受得了的。"

*

我第一次见到卡斯帕·豪泽尔这个名字，是在格奥尔格·特拉克尔（Georg Trakl）的诗歌里。后来，莉迪亚·霍尔茨纳（Lydia Holzner）借给我一本雅各布·瓦瑟曼（Jakob Wassermann）的伟大小说《卡斯帕·豪泽尔或心之迟钝》。

借此机会，卡夫卡对我说："瓦瑟曼的卡斯帕·豪泽尔早已不是弃儿了。他已经有了合法身份，融入世界，在警察局注了册，成了纳税人。不过他抛弃了他的旧名字。他现在叫雅各布·瓦瑟曼，德国小说家，拥有一座别墅。他也暗自因为心之迟钝带来的苦楚而悔恨。但他将之写成了能带来丰厚收入的小说，这样一切都很圆满。"

*

我的父亲钟爱阿尔滕伯格的散文诗。但凡他在报纸上发现这样的小文章，他就把它剪下来，小心翼翼地存放在一个专门的文件夹里。

我把这件事告诉了弗朗茨·卡夫卡，他微笑着向前躬身，把交叉的双手夹在膝盖中间，非常小声地说："这真美好。太美好了。我很喜欢您的父亲。乍看之下，他似乎非常冷静自持。大家都以为他只是一个严肃而能干的职员。可深入了解他之后,透过欺骗性的外在,您会发现一道充满人性生机的源泉。您的父亲不仅知识渊博,还拥有源源不断的想象力。所以他才热爱诗歌。彼得·阿尔滕伯格真是个诗人。他的一生都体现在他的小故事当中,而他的每一个步伐、每一个动作都证实了他语言中的真实。彼得·阿尔滕伯格是个描写琐事的天才,一个奇怪的理想主义者,他仿佛在咖啡馆里的烟灰缸中找寻烟蒂般找寻世界上的美丽。"

*

第一次世界大战刚结束那段时间,最成功的德语小说要数古斯塔夫·迈林克(Gustav Meyrink)的《魔像》。弗朗茨·卡夫卡与我谈起了这本书。

"书中对布拉格犹太老城的氛围捕捉得真精妙。"

"您还在回忆过去的犹太区吗?"

"其实我已回忆到了尽头,可是……"卡夫卡用左手做了个手势,仿佛在说:"这么做又有什么用呢?"

他的微笑为他作答:"没事了。"

然后他继续说道:"我们身上还留着昏暗的角落、神秘的走廊、盲窗、肮脏的院子、人潮拥挤的酒馆与上了锁的旅馆。我们穿过新建城市的宽阔街道，可我们的步伐与目光都游移不定。我们的内心还在颤抖，仿佛还停留在苦难的老街上。我们的心对已实施的建筑清整计划一无所知。我们内心肮脏的犹太老城比身边这座洁净的新城真实得多。我们清醒地穿过一个梦，而我们本身也只是过去时光的幽灵。"

*

我在一本古籍店找到了莱昂·布洛伊（Léon Bloy）的作品《穷人的血》的捷克语译本。

弗朗茨·卡夫卡对我的发现很感兴趣。

他说："我知道莱昂·布洛伊有一本抵制反犹主义的书，名叫《向犹太人致敬》。书里的犹太人像穷亲戚那样得到了一位基督徒的保护。非常有趣。还有，布洛伊会骂人。这可非比寻常。布洛伊怀着一团烈火，让人联想到先知之炎。要我说，布洛伊骂得真出色。这并不难解释，因为他的烈火是由摩登时代的所有粪肥滋养起来的。"

*

弗朗茨·卡夫卡送了我一本卡尔·达拉戈（Carl Dallago）

的小书，书中探讨的是索伦·克尔凯郭尔。

他对我说："克尔凯郭尔提出的问题是，要么以美学的方式享受存在，要么以道德的方式体验存在。可我觉得，这个题设是不正确的。这种非此即彼只存在于索伦·克尔凯郭尔的想象中。在现实中，人只能借由谦卑的道德经验才能从审美上享受存在。不过这只是我个人的一时之见，在进一步观察后，我或许会放弃这个看法。"

*

我在弗朗茨·卡夫卡的办公室见过几次汉斯·克劳斯。虽然我在学校就认识克劳斯，但因为他比我大几岁，我们此前一直都不太熟悉。而且，他当时就已经是个写了不少诗歌与短篇小说的知名作家。

与他相比，我只是个还没长大的小学生。可在我看来，弗朗茨·卡夫卡与我说话比对克劳斯说话时更友好。我很高兴，可同时也为自己感到羞愧。

"你在卡夫卡博士眼里只是个孩子吗？"我问自己，接着我又立即自我安慰道，"你这么说自己，可能只是因为他对你比对克劳斯友好。"

我无法平静。所以有一次，当我陪同卡夫卡离开事务所，走到老城环形路上的时候，我问他："博士先生，您觉得我是个爱慕虚荣的人吗？"

卡夫卡一怔。

"您怎么问这个？"

"我认为，您对我比对克劳斯友好。这让我很高兴。可同时，我又告诉自己，这只是一种出自虚荣心的窃窃私语。"

卡夫卡伸出手臂环住我。

"您是个孩子。"

我的下巴开始颤抖。

"您看，博士先生，我一直觉得，您对我那么好，只是因为我还是个愚蠢的、长不大的孩子。"

"在我看来，您是个年轻人，"弗朗茨·卡夫卡说，"您拥有其他人已经丧失的未来的可能性。其他人离您如此之近，让您不得不极为仔细地观察自己，才不至于感觉迷失。我对您当然要比对克劳斯更友好。我与您谈话，就是在与我的过去谈话。此时我必须友善。另外，您比克劳斯年轻，您需要更多的理解与关爱。"

*

从那天起，我与克劳斯的关系发生了变化。我们几乎成了朋友。他把我介绍给了他的文友，医生鲁道夫·阿尔特舒尔和以汉斯·蒂讷·康东的笔名发表诗歌的建筑师康斯坦丁·阿内。

我们相互拜访，一起去剧院，一同出行，相互借书，讨论——我们惺惺相惜。

就这样，名为"抗议"的团体应运而生。该团体在莫扎特美术馆举办了一场朗诵晚会。

我们也想给听众介绍一些弗朗茨·卡夫卡的作品，可被他严令禁止了。

"你们疯了，"他对我说，"一场向警方通告并得到批准的抗议！这既可笑，又可悲。这比真的造反还可怕，因为它只是一场虚假的风暴。况且我根本不是什么新教徒[1]。我愿意接纳一切，耐心地忍耐一切，可我只是无法接受这样出现在公众面前。"

我急忙解释说，我和阿尔特舒尔、克劳斯及阿内没什么共同点。这个四人小组解散了。卡夫卡比我的虚荣心更接近我。

---

1 此处一语双关，新教徒又有抗议者的意思。

*

几个月后,我与汉斯·克劳斯发生了争执。我把这件事告诉了卡夫卡,他安静地听着,然后只耸了耸肩,说道:"您现在想听我的建议。可我不擅长给人提议。对我来说,每一条忠告都是一种背叛,是一种对未来的懦弱退却。未来是现在的试金石,可只有问心有愧的人才害怕考验。这种人无法完成当下的任务。可谁又清楚他的任务是什么?没有人。所以,我们每个人都问心有愧,想尽快沉睡来逃避这种内疚。"

我答复道:"约翰内斯·R. 贝歇尔(Johannes R. Becher)[1]在一首诗中称,睡眠是死亡的友好访问。"

卡夫卡点了点头道:"说得很对。或许我的失眠就是一种对来访者的恐惧,我欠它一条性命。"

*

作家汉斯·克劳斯送了我一本小书,阿尔伯特·艾伦斯坦(Albert Ehrenstein)的《图布奇》,里面还有奥斯

---

[1] 德国编剧、诗人。

卡·科科什卡（Oskar Kokoschka）的十二幅画作。卡夫卡在我这儿见到这本书，我就把书借给他了。下一次去他办公室的时候，他把书还给我。

"这么小的一本书里有那么多嘈杂，"他说，"您看过《人在呼喊》这本书吗？"

"没有。"

"我记得，这好像是阿尔伯特·艾伦斯坦的一本诗集。"

"这么说您很了解他。"

"这么说吧，"卡夫卡表示否定地耸耸肩，道，"人永远不会了解活着的人。现在就是改变与变化。阿尔伯特·艾伦斯坦是这个时代种族的一分子。他是向虚空呐喊的迷失的孩子。"

"您怎么看科科什卡的画？"

"我看不懂。图画是由标记、描述、展示衍生出来的。在我看来，这些画只显示出画家内心巨大的困惑与混乱。"

"我在鲁道夫美术馆的表现主义展览中看到了他那幅描绘布拉格的巨大画作。"

卡夫卡转过放在桌子上的左手，将掌心朝上。

"巨大的画作，是中间画着尼古拉斯教堂绿色圆顶那幅？"

"是的，我说的就是那幅。"

他低下了头。

"画中的屋顶全飞走了，穹顶成了风中的雨伞，整座城市都在翻飞。虽然动荡不安，可布拉格依然屹立不倒。这正是它的奇妙之处。"

*

我为约翰内斯·施拉夫（Johannes Schlaf）的诗集《春》中的两首诗谱了曲，并为词作者发去一份复件。约翰内斯·施拉夫用精美的字体为我写了一封长信，以示感谢。我把信拿给弗朗茨·卡夫卡看。

他的手伸过办公桌，把信递回给我的时候，他笑了。"施拉夫太叫人感动了。我们与马克斯·布罗德在魏玛的时候拜访过他。他不想谈论文学与艺术。他的全部兴趣都集中在如何颠覆现有的太阳系。"

"最近我看到一本施拉夫写的大部头，他在书里号称地球是宇宙的中心[1]。"

"没错，他当时就已经是这么想的，他想用一套他自己对太阳黑子的独特解释来说服我们，证明他是正确的。他把

---

[1] 施拉夫研究地心说多年，他就此发表的作品颇多，比如《以地心说解决宇宙问题》等。

我们领到他那间小资产阶级寓所的窗前,让我们用一台老式的学生用望远镜观察太阳。"

"你们当时笑了?"

"怎么会!他敢用这种从古老时代遗留下来的可笑对象反对科学、反对宇宙,实在是既滑稽,又感人。我们几乎就要相信他了。"

"是什么阻止了你们?"

"其实是咖啡。咖啡太糟糕,我们不得不离开。"

*

我讲了一个雷曼笔下的趣事:莱比锡的出版商库尔特·沃尔夫早上 8 点的时候拒绝出版拉宾德拉纳特·泰戈尔的译本,两小时后却派出版社的编辑赶往邮政总局索要退回的手稿,因为他在这段时间里从报纸上得知泰戈尔成了诺贝尔奖的得主。

"他竟然拒绝泰戈尔的译本,真奇怪。"卡夫卡缓缓说道,"泰戈尔离沃尔夫并不算遥远。印度—莱比锡,这段距离是虚假的。实际上,拉宾德拉纳特·泰戈尔只是个乔装打扮的德国人。"

"大概是个首席教师?"

"首席教师?"卡夫卡认真地重复了一遍,抿了抿紧闭的嘴角,慢慢地摇了摇头,"不,不是的,但他可能是个撒克逊人,和理查德·瓦格纳一样。"

"所以是罗登缩绒大衣里的神秘主义?"

"差不多。"

我们都笑了。

*

我借给卡夫卡一本印度宗教书籍《薄伽梵歌》的德语译本。

卡夫卡说:"印度宗教文献既吸引我,又令我反感。它们像毒药那样拥有诱惑力与威慑力。所有这些瑜伽师与魔法师都不是凭借对自由的炽热之爱来控制囚禁于自然中的生命,而是用一种无法言明的、冰冷的憎恨。印度宗教内观的源头是一种深切的悲观主义。"

我想起了叔本华对印度宗教哲学的兴趣。

卡夫卡曾说过:"叔本华是个语言艺术家,他的思想发源于此。单单因为他的语言,我们就应该阅读他的作品。"

＊

弗朗茨·卡夫卡看到我的米夏埃尔·马勒斯的小诗集时笑了起来。

"我认识他,"他说,"他是个狂热的无政府主义者,《布拉格日报》的人把他当作奇珍异宝般容忍着他。"

"您不把捷克的无政府主义者当回事?"

卡夫卡尴尬地笑了。

"这很难。这些自称无政府主义者的人都很善良可爱,让人不由得相信他们的每一句话。可同时,他们的特殊性又让人无法相信他们,他们真的可能会成为他们口中的那种世界毁灭者。"

"所以您与他们接触过?"

"稍有接触。他们都是很可爱、很有趣的人。"

＊

几天后,我得知了一些卡夫卡与无政府主义者之间的有趣细节。

我和卡夫卡博士从老城环形路走到盖斯特街,经过慈悲兄弟堂走到伏尔塔瓦河,再左转穿过议会前的广场,沿着十字兄弟街散步到查理大桥，最后折回老城环形路。

在散步的过程中，我们遇到了几个没有引起我们注意的路人。然而，在艾吉迪街与卡尔街的拐角处，我们几乎和两个一看就知道是做那种生意的女人撞了个满怀。其中一个顶着一头鸟窝般杂乱的红发，近乎圆形的脸上扑着白粉，另一个略矮些的女子脸尖得像只老鼠，皮肤有点黑，看上去像吉卜赛人。

我们走到墙边，不过那两个女人本来也不会注意到我们。她们正对刚发生的事情耿耿于怀。

"他居然揪着我的脖子往门外搡。"肤色较深的女子愤愤不平地说。

红发女子扬扬得意地冷哼道："我怎么和你说的？你不能进那家酒吧。"

"胡说八道！老城咖啡馆和其他任何一间酒吧一样，都是公共场所！"

"可对你来说不是！你不能进去。这就是你把那个肥婆爱玛胖揍一顿的下场。"

"她活该！这头母猪。"

"没错，她就是。可看门人是她爹，所以他才把你轰出去了。"

"好一个拉瓦乔尔！他抓我的那个样子……"

两个女子的身影消失在一间穿堂屋里。

我们朝相反的方向继续前进。

"您听到最后一个词了吗?"卡夫卡问我。

"您说拉瓦乔尔?"

"没错,您知道它是什么意思吗?"

"当然知道,拉瓦乔尔是布拉格的俗语,意思是暴力的家伙,好动武的人,粗野之徒。"

"是的,"卡夫卡点了点头道,"我也是第一次听到这么使用这个词语。但是,这其实是一个转写为捷克语的法国姓氏,随着时间的推移,它已经成了捷克语中的专有名词。"

"就有点像所罗门和希律王?"

"是的,有点像,"卡夫卡说,"拉瓦乔尔是个法国的无政府主义者。他的真名叫弗朗茨·奥古斯丁·科恩施泰因。他不喜欢这个德国名字,于是就用了他母亲的姓,按法语读作拉瓦舒尔,但布拉格普通的报纸读者照本宣科地把它读成拉瓦乔尔。"

"这是什么时候的事?"

"发生在1891年至1894年之间。那时候我还是个小男孩,捷克保姆每天带我穿过老城环形路与泰因街,经过肉市去上学。放学后,保姆通常又在校门口等我。有时候她会迟到,有时候学校会提早放学。每当此时,我都特别高兴。我总会加入我们班那些捣蛋鬼的行列，与他们一起朝保姆意想不到的反方向走去，一直走到齐根街，大家通常都会在那儿打打闹闹。"

"您肯定不会参加的吧？"我不假思索地用坚信不疑的语气说道，因为我实在无法想象卡夫卡博士小学的时候会参与斗殴。

可卡夫卡博士笑了起来，高高仰起头道："您问我是不是也在里面打打闹闹！虽然我从没打过架，又着实非常害怕，可为了让我的同学相信我不是他们口中那个娇生惯养、妈妈的宝贝儿子，我总是挤到最混乱的缠斗中去。还有，我不想承认自己是个弱小的犹太男孩。结果，我没能说服他们，因为我老是挨揍。这种课后游戏结束后，我回到家时总是哭丧着脸，浑身脏兮兮的，上衣的扣子掉了，衬衫的领子也扯破了。当时我们就住在这儿。"

到了小环形路，卡夫卡博士在舒伯特楼的巴洛克式入口处停了下来，短促地点了点头，为我指出对面那排房子中尤为突出的中世纪建筑米努塔楼，它紧挨着将老城环形路与小环形路隔开的市政厅。"我父母就住在楼上。不过他们要到傍晚才到家，白天他们在店里工作。他们把家务事交给了厨娘与我们的保姆。每当我在街上打完群架，穿着破烂的衣服，哭哭啼啼，脏兮兮地回到家后，她们的情绪总是特别激动。保姆绞着双手，流着眼泪威胁我，说要向我的父母汇报我干的好事。可她从来没这么做。正相反！保姆与厨娘一起以最快的速度消除了我打架的痕迹。厨娘还不住地嘀咕道：'你这个拉瓦乔尔！'我不知道那是什么意思。我追问她，她只答道：'说的就是你。你就是个真正的拉瓦乔尔。'她把我归到了一类我完全不熟悉的人群之中。她把我卷入一个黑暗的秘密，让我不寒而栗。我是个拉瓦乔尔！这个词像一道可怕的魔咒，让我陷入了一种难以忍受的紧张情绪中。为了从中解脱，有一天傍晚，当我父母在起居室打牌的时候，我问他们什么是拉瓦乔尔。我父亲盯着手中的纸牌说：'他是个罪犯，是个杀人犯。'我当时一定显得十分吃惊，表情呆滞，因为我母亲关切地问道：'你从哪儿听来的这个词？'我结结巴巴地说了些什么。意识到厨娘认出了我内心的罪犯，我的舌头不听使唤了。母亲探究地打量着我的脸。她已经准备把牌铺在桌子上，对我进行审问了。可我父亲还想继续打牌，他没好气地吼道：'他还能从哪儿听来的？不是学校就是在街上！现在人们到处都在谈论这些家伙。'我母亲接话道：'没错，这帮流氓搞出的动静实在太大了。'此时，父亲啪的一声把一张牌甩在桌子上：'王！'我赶紧愕然地溜出了房间。第二天早上我发烧了。经请来的医生诊断，我得了咽喉炎。他给我开了一些药。保姆拿着处方上药房去了，厨娘则守在我的床边。她是个又高又胖、心地善良的女人，我们都叫她'安娜太太'。她抚摸着我放在被子上的手说：'别害怕，一切很快就会好起来的。'可我把手缩回被子底下，问道：'为什么我是个罪犯？'厨娘把眼睛瞪得滚圆，说：'罪犯？谁说的？''您！就是您！''我？'安娜太太攥起拳头，压在她壮实的胸脯上，愤愤不平地说，'你根本在说瞎话！'可我说：'千真万确！您说我是个拉瓦乔尔。他是个罪犯，我爸妈这么说的。'此时，安娜太太两手交叉在头顶，笑着解释道：'没错，拉瓦乔尔，我是这么说过，可我没有恶意。拉瓦乔尔，大家都只是说说而已。我不是拿这个在贬低你。'她劝慰地抚摸着我的脸颊。可我转过身对着墙。不久后，保姆带着药回来了。我们之间再也没有喊出过拉瓦乔尔这个名字，但它像刺一样留在我心底，更确切地说，它像断针的针尖一样贯穿了我的身体。咽喉炎痊愈了，可我的心里还病着，是个拉瓦乔尔。从表面来看，一切照旧。大家都以从前的方式对待我，可我知道，我是个弃儿，是罪犯，总而言之，我是个拉瓦乔尔。我再也不和其他男孩一起打群架，总是乖乖地跟着保姆回家。我不想让别人发现，我其实是个拉瓦乔尔。"

"没这件事！"我失声道，"时间一定已经把它冲得一干二净。"

"正相反！"卡夫卡露出了痛苦的微笑，"没有东西会像这种毫无根据的罪恶感那样更牢固地附着在人的灵魂里，正因为没有真正的原因，才让人无从悔恨，也无法弥补。所以，即使表面上我早已忘记厨娘的这件事，也得知了这个词的真正含义，可我依然还是个拉瓦乔尔。"

"您研究了拉瓦乔尔的生平事迹？"

"是啊！不只拉瓦乔尔，还有许多其他无政府主义者的。我深入研习过戈德温、蒲鲁东、施蒂纳、巴枯宁、克鲁泡特金、塔克尔与托尔斯泰的观点与生平，我参加了各种圈子与会议，在这方面投入了大量的金钱与时间。1910年，我参加了捷克无政府主义者在卡罗林塔尔区的炮火十字餐馆举行的集会，无政府主义青年俱乐部伪装成曼陀林俱乐部在这儿活动。马克斯·布罗德陪我参加过好几次集会，不过他基本上对此毫无兴趣。他觉得那是青年人对政治的一种迷惘。但对我来说，那是一件严肃的事情。我在追随拉瓦乔尔的足迹。后来我借这些活动结识了埃里希·米萨姆（Erich Mühsam）、阿图尔·霍利彻尔（Arthur Holitscher），以及出版了报刊《为所有人的富足》、自称皮埃尔·拉穆兹的维也纳无政府主义者鲁道夫·格罗斯曼（Rudolf Grossmann）。他们都为了实现人类幸福而全身心地努力着。我理解他们。可是……"卡夫卡举起双臂，像一双折起的翅膀，然后又无奈地将其垂下,"我没有办法长时间与他们并肩作战。我还是和马克斯·布罗德、菲利克斯·维尔奇及奥斯卡·鲍姆在一起。他们与我更亲近。"

他停下脚步。我们已经走到他住的那栋楼。他出神地对我笑了一两秒,然后他轻声说:"所有犹太人都和我一样,都是被遗弃的拉瓦乔尔。我还能感受到回家的拐弯处那些坏小子的拳打脚踢,可我已经无力还击。我再也没有青春的力量。保护我的保姆?我也早已失去了。"

他向我伸出手:"时候不早了。晚安。"

*

我给卡夫卡带了一本卡尔·克劳斯[1](Karl Kraus)在维也纳出版的《火炬》新刊。

"他吹毛求疵地评论记者时真是太棒了,"他边翻阅边说,"只有狡猾的偷猎者才能成为如此严格的护林人。"

"卡尔·克劳斯披露了维也纳城堡剧院的剧作家格奥尔格·库尔卡是个剽窃者。您怎么看?"

"那不算什么。脑回路里的小问题,不值一提。"

---

[1] 奥地利讽喻作家、诗人。

我们谈起阿尔弗雷德·波尔加[1]（Alfred Polgar）经常发表在《布拉格日报》上的那些短小却又凝练精美的文章。

卡夫卡说："阿尔弗雷德·波尔加的句子如此流畅悦耳，我们不由将他的文章看作一种无拘无束的社交娱乐，甚至没有注意到自己受到了他的影响与教育。在小山羊革面手套般的形式下藏着坚定不移的意志。波尔加是庸人国度中一个矮小干练的马加比[2]。"

*

弗朗茨·卡夫卡把弗朗斯·亚默[3]（Francis Jammes）的诗集还给我时说："他如此质朴感人，如此快乐坚强。对他来说，他的生命并非两个黑夜之间发生的事。他根本不知黑暗为何物。他与他的整个世界都幸福地藏匿于上帝全能的掌中。他像孩子称呼家庭成员那样把可亲的上帝称呼为'你'，

---

1 奥地利记者、散文家。
2 马加比家族是犹太教世袭祭司长的家族，曾重夺以色列领土并建立了哈希芒王朝。
3 法国诗人。作品大多描写闲适的乡村生活。

这就是他不会衰老的原因。"

*

莉迪亚·霍尔茨纳送了我一本阿尔弗雷德·德布林（Alfred Döblin）[1]带有中国元素的小说《王伦三跳》。我把书拿给卡夫卡看，他说："这个作者在德国新锐小说家中名气很响。除了这本，我只读过几部短篇小说和一本奇特的爱情小说《黑窗帘》，也是他的第一本书。在我看来，德布林似乎把可见的世界描写得极不完满，必须要以他的词汇才能充满创造性地填满这个世界。这只是我的感想。但如果您好好读的话，您也会这么想的。"

*

照着弗朗茨·卡夫卡的说法，我阅读了阿尔弗雷德·德布林的第一部小说《黑窗帘》，一部关于词语与意外的小说。

当我与他谈及此书的时候，他说："我不理解这本书。

---

[1] 德国小说家。

人们把因果关系不明的多起事件同时发生称为巧合。可是如果没有原因就没有世界,所以世上其实并没有巧合,只有这儿才有——"卡夫卡用左手摸了摸他的额头。

"巧合只存在于我们的脑海中,在我们有限的认知中。它反映了我们知识的局限性。与巧合的斗争永远是与我们自己的斗争,这场仗我们永远都无法取胜。可书里没写到这些。"

"所以您对德布林失望了?"

"其实我只是对自己失望。我期待的或许与他本想提供的东西不同。但是,我执着的期待蒙蔽了我的双眼,让我跳过了几行、几页,最后甚至跳过了整本书。所以对这本书我也没什么好说的。我是个很糟糕的读者。"

*

弗朗茨·卡夫卡在我这儿看到了阿尔弗雷德·德布林的《一朵蒲公英的被害》。

他说:"把一个肉食文化领域的日常用词与一个精致的花名联系在一起,听起来真奇怪!"

在随后三期《布拉格日报》的周日版上都刊登了由弗朗茨·布莱（Franz Blei）[1]撰写的文艺特刊《文学野趣大观》。作者把几位作家与诗人描写成鱼、鸟、鼹鼠、兔子等动物。至于卡夫卡，作者称他是一只以苦根为食的特殊的鸟。

我向卡夫卡询问起弗朗茨·布莱。

"他是马克斯·布罗德多年的故交，"他微笑道，"他很风趣，机智过人。和他在一起的时候我们总是很开心。世界文学穿着底裤列队经过我们的桌边。弗朗茨·布莱本人比他写的东西要聪明、伟大得多。这也是很自然的事，这只是写来消遣的东西而已。从脑袋到笔的路可要比从脑袋到舌头的路长得多，也艰难得多。所以，有些东西遗失在途中。弗朗茨·布莱是一个流落到德国的东方轶闻作家。"

*

卡夫卡看到我有一本约翰内斯·R. 贝歇尔的诗集，他评论道："我不理解这些诗。这里面词语麇集，吵嚷喧闹，让

---

[1] 奥地利作家、诗人、翻译家。

人无法从中脱身。文字没有变成一座桥，反而成了一堵高不可攀的墙。读者不断地撞在形式上，根本无法沉浸到内容中去。这些词语没有凝聚成语言。这是一声高呼。仅此而已。"

*

卡夫卡博士给我看了两张摆在他面前办公桌上的传单。一张由捷克斯洛伐克国家军团协会起草，号召的对象是国家。另一张署着捷克社会民主党左翼的名字，呼吁"工人阶级进行一场声势浩大的五月游行"。

卡夫卡博士问我："您怎么看？"

我尴尬地说不出话，因为我不知道该如何评论这两张传单。

卡夫卡博士看出了我沉默的原因，还没等我回答，他便说道："这两张来自对立政治阵营的传单有一个共同的特点，它们的收件人同样极不真实。国家与工人阶级只是抽象的概括，教条的概念，虚无缥缈的现象，只有通过语言的操弄才能让人理解。这两个概念只有在语言的创造中才是真实的。它们的生命立足于言辞，立足于言辞的内在世界，而不在人类的外部世界中。只有具体、真实的人，那些上帝安排在我们面前，直接对我们产生影响的邻人才是真实的。"

于是我说:"比如被安排在年轻的卡尔·罗斯曼面前的司炉。"

"是的,"卡夫卡点了点头,"他就和每一个具体的人一样,都是外部世界的使节。抽象只是个人激情的失真图像,是内心世界地牢中的鬼魂。"

*

我收到了 G. K. 切斯特顿(Gilbert Keith Chesterton)[1]的两本书,《异教徒》与《代号星期四》。卡夫卡说:"人们几乎就要相信他能找到上帝了,他写得实在有趣。"

"所以,您认为笑声就是虔诚的象征?"

"并不总是这样。可在这个没有上帝的时代,必须得有趣才行,这是责任。船上的乐队在沉没的泰坦尼克号上奏乐,直至最后一刻。人们借此摆脱地上的绝望。"

"一种充满痉挛的风趣要比公然承认的忧愁哀伤多了。"

"是这样的。但忧愁是无望的。前景、希望、前方——一切都只与它们息息相关。危险只存在于最短暂、最有限的片刻之间,后面就是深渊。一旦将它克服,一切都将全然不

---

1 英国作家、文学评论家、神学家。

同。一切都只与瞬间相关,瞬间决定生命。"

※

我们聊到波德莱尔。

"创作是种疾病,"弗朗茨·卡夫卡说,"可退了烧,人也不会恢复健康。恰恰相反!热度使人洁净,使人闪亮。"

※

我把马克西姆·高尔基的《回忆列夫·尼古拉耶维奇·托尔斯泰》一书的捷克语版本借给了卡夫卡博士。

卡夫卡说:"高尔基刻画人物性格特征的时候不做任何评断,这真感人。我很想读一读他怎么写列宁。"

"高尔基关于列宁的回忆录出版了?"

"不,还没有。不过,我估计他总会出版这本书的。列宁和高尔基是朋友。马克西姆·高尔基只用笔尖就看到、经历了一切。这从他笔下的托尔斯泰中就能看出来。对于作家而言,笔不是工具,而是器官。"

＊

　　我引用了格鲁塞曼书中评价《群魔》作者的一句话："(陀思妥耶夫斯基)是一个血腥的童话。"对此，卡夫卡说："没有不血腥的童话。每一个童话都是源自鲜血与恐怖的深处。这就是所有童话的亲缘。它们只不过表面上不同。北方的童话不像非洲黑人童话那样充满了幻想中的动物，但它们的内核，那种渴望的深度是一样的。"

　　后来，他推荐我阅读弗洛贝纽斯编写的《非洲民间故事和童话集》。

　　＊

　　海因里希·海涅。

　　卡夫卡说："一个不幸的人。不论过去还是现在，德国人指责他的犹太精神，可他是个德国人，甚至只是个小小的、与犹太精神有矛盾的德国人。这就是他身上的犹太性。"

　　＊

　　第一次大战发生前及战争时期，我的父母订阅了大量的德语及捷克语的报纸杂志。其中也包括《维也纳皇冠报》，一份廉价的八卦小报，其扉页上总是印着栩栩如生的钢笔画，令我着迷不已。

这里出现过大公爵，燃烧的旅店，帝国的阅兵式，当时刚投入使用的齐柏林飞艇进行的空袭，坠马的哥萨克骑兵，苏格兰风笛手，谋杀与入室盗窃的场景，裤缝熨得笔挺、胡子弯弯捻起、冲进起火房屋的救生员，拿着手枪与弯刀的警察，获奖的狗与马，身披羽毛披肩、戴着精选果盘般帽子的女士，还有许许多多其他揭露时代隐匿面孔的轰动事件。

我把《维也纳皇冠报》的扉页收集起来，到了1918年夏天，我让人把它们装订成一本拥有大理石般彩色花纹的书，自豪地放在自己的书架上。三年后，当卡夫卡无意间提起某位现代诗人（我不记得是谁了）时，他表达了这样的观点：诗人的语调总是与他"青年时的圣坛像"息息相关。我笑着说："那我的圣坛像就是《维也纳皇冠报》给的。"

下次会面时，我把装订成册的小报扉页拿给卡夫卡博士看。他饶有兴趣地翻阅着这本册子，微笑着看着头上花果成堆的女士们，在俄国革命的场景中多停留了片刻，而在看到床上摆着一个维也纳妓女被肢解的尸体时，他摇了摇头，震惊的程度颇为夸张："哇，太可怕了！"

我说:"这就是图片大杂烩,色彩缤纷又矛盾重重——就与生活一模一样。"

可卡夫卡摇了摇头,说:"不,不是这样的。图片隐藏的东西比它们揭示的东西多。它们没有进入一切矛盾相互对应的深处。这儿描绘的事件不过是为了赚钱。从这一点来看,《维也纳皇冠报》上的图片比旧时年集卖艺人手中粗制滥造的木刻版画要清晰得多,因此反倒更没有价值。后者还能给人提供一种幻想的刺激,人们可以借此超越自我。可这些报纸没有这样的功能。它们折断想象力的翅膀,这是必然的事。成像技术越发达,我们的眼睛就越羸弱。器械使感官麻痹,光学、声学、交通学也是如此。战争把美洲带来欧洲,各大洲相互碰撞。人类的声音随着一道火花瞬间绕着地球转了一圈。我们不再生活在只有人类的空间里,而生活在一颗被亿万个大大小小的世界所环绕的迷失的小行星上。宇宙像一张巨口般张开,在它的食管中,我们每天丧失的个人行动自由越来越多。我相信用不了多久,我们连走出自己的院子都需要特别的通行证了。世界正在变成一个隔离区。"

我小心翼翼地问:"这是不是太夸张了?"

卡夫卡却摇了摇头,说:"不,完全没有!我已经在工人意外保险机构里见证这一切了。世界正在开放,我们却被赶入狭窄的纸峡谷。只有我们此刻所坐的椅子是安全的。尽管每个人都是一座迷宫，可我们都沿着一条直线而活。办公桌就是普洛克路斯忒斯之床[1]。可我们不是古代的英雄。所以我们尽管痛苦，却只是悲喜剧中的人物。"

*

"大多数人根本不坏。"讨论莱昂哈德·弗兰克[2]（Leonhard Frank）的《人性本善》时，弗朗茨·卡夫卡说道，"如果不考虑话语与行动产生的作用，人的一言一行就会变得糟糕，充满罪恶。他们不是恶棍，而是梦游者。"

*

卡夫卡的心情很好。

"您容光焕发。"我说。

卡夫卡笑了："这只是借来的光，友谊之词的反照。我的好朋友路德维希·哈特（Ludwig Hardt）到布拉格来了。"

---

1 普洛克路斯忒斯是古希腊神话中的一个强盗，他开设黑店，拦截过路行人。他特意设置了两张铁床，一长一短，强迫旅客躺在铁床上。身矮者睡长床，强拉其躯体使与床齐；身高者睡短床，用利斧把旅客伸出来的腿脚截短。
2 德国表现主义作家。作品以针砭时弊为主。

"就是那个要在商品交易所诵读的朗诵家?"

"对,那就是路德维希·哈特,您认识他?"

"不,我不认识。我只是看到了报纸上刊登的广告。另外,我对朗诵不感兴趣。"

"您肯定会对路德维希·哈特感兴趣的。他不是个浮夸的杂技演员。路德维希·哈特是词语的仆人,他唤醒、激活了掩藏在旧俗灰尘下的文学作品,他是个伟大的人。"

"您是怎么认识他的?"

"我十年前通过马克斯认识了他。第一次见他的时候,我听他说了一晚上的话。他是个令人着迷的人。如此自由自在、无拘无束,内心又如此强大。他来自北方某个地方,是个典型的犹太人,但他无论在哪儿都不给人陌生的感觉。我虽第一次见他,却感觉已经认识他很久了。他是个魔术师。"

"为什么是魔术师?"

"我不知道,但他总能引发一种强烈的自由感。所以他是个魔术师。对了,我们一起去听他朗诵,票我来买。"

在哈特朗诵前,我们在商品交易所的台阶上遇见了诗人鲁道夫·福克斯(Rudolf Fuchs)。我们与他一起站在前面,靠近入口处。卡夫卡专心致志地听着艺术家的朗诵,他脸上的表情却惆怅不已。我看得出,节目很难提起他的兴致。

"您不舒服吗,博士先生?"中场休息时,趁鲁道夫·福克斯不在的空当,我问道。

卡夫卡扬起了眉毛。

"我看起来有什么不一样吗?有什么引人注目的地方吗?"

"那倒没有。只是您看起来太古怪了。"

卡夫卡紧紧咬住嘴唇,挤出一个微笑。

"借口说我身体有恙实在太容易了。可惜不是这样的。但凡我因什么而痴醉,我的心头总会涌上一股死一般的疲惫与空虚。或许是我缺乏想象力。事物离我越来越远,只剩下灰色、荒凉的斗室。"

我没能彻底领会他话中的意思,可鲁道夫·福克斯回来了,我又不好开口询问。朗诵结束后,我与卡夫卡告别,他和福克斯、维尔奇、布罗德太太及其他人一起等着哈特。

第二天,我到事务所去找弗朗茨·卡夫卡。他极其沉默,只字不提昨晚在商品交易所的事。只有当我提及,我读过鲁道夫·福克斯的诗集《商队》和奥托卡·布雷齐娜(Otokar Březina)翻译的赞美诗时,他才稍稍松快了些,道:"鲁道夫·福克斯是个如此恭顺的读者,他不仅把每一本好书,还把诗人每一个真诚的词语都高高地置于他谦卑的灵魂之上。所以,他是个出色的翻译家,也是个爱惜羽毛的作家。他的《商队》输送的是陌生的货物。他是个词语的仆人。"

我们再也没有谈起过路德维希·哈特。

过生日的时候，我父亲送了我一本格奥尔格·特拉克尔的诗集。

卡夫卡告诉我，特拉克尔为了从战争的恐惧中解脱，服毒自杀了。

"临阵脱逃，遁入死亡。"我说。

"他的想象力太过丰富，"卡夫卡说，"所以他才无法忍受主要因想象力匮乏而导致的战争。"

*

我病了十天，躺在床上没去上学。我的父亲为我捎来了卡夫卡博士衷心的问候，和一本由岛出版社出版的内容多彩的书：阿图尔·叔本华的《论写作与风格》。

在我康复后几天，我去了工人意外保险机构。卡夫卡博士心情很不错。我告诉他，我感觉痊愈后我的身体比之前更强壮了，他的脸上露出了一丝迷人的笑容。

"这不难理解，"他说，"您克服了一次与死亡的交锋。这会使人强壮。"

"人的一生不过是一条向死之路。"我说。

弗朗茨·卡夫卡严肃地看了我一眼,然后他的目光落在了桌面上。

"对于健康人来说,生命的意义只在于无意识、未曾言明的逃避,逃避人必将一死的意识。疾病既是一种警示,也是一种试炼。所以,疾病、痛苦与折磨也总是宗教最重要的源头。"

"您这是什么意思?"我问。

卡夫卡微笑道:"我指的是犹太教。我与我的家庭,与我的部族紧密相连。它们比个体持续的时间更长久。但这也只是逃避死亡的认知,只是一个愿望。可人并无法借此获得任何知识。正相反,渺小、恐惧的自我借此愿望凌驾于追寻真理的灵魂之上。"

*

"您在读什么?"卡夫卡问。

"《塔什干,面包充裕的城市》[1],作者是——"

---

[1] 作者为苏联作家亚历山大·尼维洛夫,德语译本 1921 年由马利克出版社出版。

我的话还未说完，便被他打断了。

"这本书太美了。前不久的某个下午我刚把它读完。"

"我觉得，这本书与其说是件艺术品，不如说更像是文献。"

"所有真正的艺术都是文献，都是见证。"弗朗茨·卡夫卡严肃地说，"书中的民族能有这样一个男孩，这个民族是不会战败的。"

"这或许和个体没什么关系吧。"

"恰恰相反！物质的性质是由原子中的电子数决定的。群体的水准取决于个体的意识。"

*

我走进卡夫卡博士的办公室时，他正在整理他的办公桌。办公桌右侧狭窄之处堆放着小山一般高的书籍、报刊与公文，旁边放着一张供可能来访的客人就座的椅子。卡夫卡博士隔着书山向我挥了挥手。

"我从我的纸牢里问候您！"

"我没有打扰您吧？"

"完全没有。您请坐。"

我在访客椅上坐下，说道："这可是个真正的文书森林。您都消失在这片森林后面了。"

我听见卡夫卡短促地笑了一阵,接着他说:"这才好呢。写下的文字照亮了这个世界,却让书写者消失在黑暗中。不说这个了!"

他抽出中间的大抽屉,拉开两侧的抽屉,开始把成堆的书与报刊塞进办公桌。

我想帮助他。可当我把其中一个文件夹递给他时,他用力地摇了摇头。

"您别忙了!要是我们极其偶然地让事物变得井井有条,或许会招致不幸。我大概立刻就会倒大霉。我可能会因此失去对每一个职员的良心来说都格外重要的借口:我无法完成指派给我的工作任务,不是因为缺乏办公意识,而只是因为办公桌脏乱无序。这会是个可怕的发现,我必须得避免它发生。因此,我一定要注意保持办公桌的杂乱无章。"

为了证明这一点,他猛地将中间的大抽屉推入办公桌,用漫画人物般的阴谋论语调低沉地说:"我抱怨办公室及我周围环境中的无序,只是为了掩盖我自身存在的不安定,躲避周遭惩罚性的好奇目光。在现实中,我其实只靠这样的无序方才成活,方才骗得最后一丁点的个人自由。"

我陪卡夫卡从办公室回家。那是个风雨交加的寒冷秋日。卡夫卡在楼梯上对我说,这种天气他在大街上估计是不会说话的。

"没关系,"我回答,"我们会理解对方的。"

可当我们刚迈出工人意外保险机构的大门,卡夫卡弯下腰,摇摇晃晃地在胸前画了一个巨大的罗马十字,弄得我一头雾水。

卡夫卡看着我惊讶的神情,笑了,他走回楼里告诉我:"我刚刚在说捷克语——该死的大冬天[1]!我弯下身子,代表程度之大能将我压倒,颤抖是表达寒冷的古老方式,而画的十字等于是圣礼。"

不知什么原因,我不太喜欢他这种开朗,所以我说:"画十字并不能代表圣礼。"

他把手放在我的肩上。

"只要满怀信仰,不论什么标志,哪怕最微小的动作也是神圣的。"

---

[1] 原文为捷克语"sakramentská velká zima"。"sakramentská"一词既能表达"该死的,见鬼"的语气,也有圣礼的意思。

＊

1919年，我与在布吕克斯附近的上格奥尔根塔尔担任铁路职工的哥哥汉斯在埃尔茨山脉游历了一番。我向卡夫卡讲述了山区网织品及玩具工人的穷困潦倒。最后我总结道："贸易与工业，医疗与食品供应，要什么没什么，什么都无法正常运作。我们生活在一个被摧毁的世界里。"

卡夫卡不同意我的说法。他朝里抿了抿嘴唇，并用牙齿摩挲了几秒钟他的下唇，然后特别确定地说："不是这样的。如果一切都已毁坏，我们也就抵达了全新发展可能性的起点，可我们并没有走到那一步。把我们引领至此的道路已经消失。因此，迄今为止的一切共同前景也随之消亡。我们还将经历一场绝望的崩溃。您往窗外瞥一眼就能见到世界。人们要跑去哪儿？他们想干什么？我们已经不再熟悉事物联结之中的超人类意义。尽管世事烦嚣，每个人却都沉默而孤立。对世界与自我的评价交织在一起，却无法再正确地发挥作用。我们并不是生活在一个被摧毁的世界里，而是生活在一个被扰乱的世界里。一切都像是易碎帆船上的索具那样，发出叮当或是吱嘎的声响。您与您哥哥看到的潦倒，只是一种更深沉的痛苦的表面现象。"

卡夫卡博士凝视着我的眼睛，仿佛担心地问道："您明白我的意思吗？我有没有把您弄糊涂？"所以，我赶紧至少以一个问题作为答复："您是不是在说社会不公？"

可卡夫卡的脸色一下子变得十分僵硬，让人捉摸不透。

他说："我指的是正义的背离，我们所有人都参与了。我们可以觉察到，很多人甚至都知道，可没有人愿意承认我们活在不正义之中，所以我们才发明了借口。我们谈论社会的、心灵的、国家的，还有其他我不知道的不公正，只是为了掩盖唯一的罪过：我们自己的罪过。'不公正（Ungerechtigkeit）'这个词究竟是什么意思？就是'我们的公正（unsere Gerechtigkeit）'这个词组的缩略语。因此，只适用于自身的公正是一种暴力的规范，是一种不公正。社会不公这种说法只是无数遮掩伎俩中的一种。"

我摇头道："不，博士，我不能同意这个说法。我见到了埃尔茨山区的穷困。工厂——"

卡夫卡打断道："工厂只是增加盈利的机构。我们所有人在其中扮演的不过是从属的角色。最重要的是金钱与机器，人类不过是让资本倍增的古老工具，是历史的遗留物，其匮乏的科学能力很快就会被思维流畅的机器所替代。"

我轻蔑地叹了口气道："唉，这是H. G.威尔斯（Herbert

George Wells）[1]最喜爱的幻想之一。"

"不，"卡夫卡用严厉的口吻说道，"这不是空想，而是在我们面前茁壮的未来。"

＊

卡夫卡是犹太复国主义的坚定支持者。

我们第一次触碰这个话题是在1920年春，此前我去乡村短暂地待了一阵，刚回到布拉格。当时，我到位于波里奇区的事务所拜访卡夫卡。他心情很好，说了不少话，而且——就我看来——他对我的突然造访由衷地感到愉快。

"我以为您远在天边，您却近在眼前。您不喜欢赫卢梅茨吗？"

"喜欢是喜欢，不过……"

"可这儿更好。"卡夫卡微笑着补充道。

"您知道的，家就是家。到底不一样的。"

"在家总是不一样的，"卡夫卡的目光像被迷梦蒙住一般，"人只要有意识地活着，只要对自己之于其他人的责任

---

[1] 英国著名小说家、社会学家和历史学家。他创作的科幻小说《时间机器》称得上是科幻小说的鼻祖。

及义务有清醒的认识，那么古旧的家园总是全新的。实际上，人只有通过这种义务才能自由。这是人生的最高境界。"

"没有自由的生活是难以想象的。"我说。

弗朗茨·卡夫卡望着我，仿佛想说"等等，等等……"然后，他凄然笑道："这话听起来很有说服力，我们几乎都要相信它了。可在现实生活中却很难做到。自由是生命，不自由永远是致命的，但死与生同样真实。困难的是，我们既要面临生，又要遭受死。"

"所以您才将一个民族的不自主视作凋敝的标志。那么，1913年的捷克人就不如1920年的捷克人那样充满生机，也因此不如他们。"

"我不是这个意思，"卡夫卡对我的话提出异议，"彻底将1913年的捷克人与1920年的捷克人分开是很难的。现在的捷克人拥有更多可能性。因此，如果可以这么说的话，他们或许更优秀些。"

"我不是很明白。"

"我没办法向您解释得更明白了。而且，在这种事情上我根本说不清楚，因为我是犹太人。"

"为什么？和这个有什么关系？"

"我们刚才谈论的是1913年与1920年的捷克人。从某种程度上来说，这个话题与历史有关，而且它立刻——我要这么说——就暴露了犹太人当今的不足之处。"

我可能做了个非常愚蠢的表情,因为从卡夫卡的声音与肢体语言来看,他此刻并不是特别关注我们正在讨论的事情,反而更关心我是否理解了他的说法。他弯下身子,轻声但清晰明了地说:"如今的犹太人已经不满足于历史这个时间中的英雄故土。他们渴望一个小小的、空间中的家乡。越来越多年轻的犹太人回到巴勒斯坦。那是对自身、对自己的根基,对成长的回归。对犹太人来说,故乡巴勒斯坦是一个必要的目的地,而捷克斯洛伐克是捷克人的出发点。"

"有些像是机场。"

弗朗茨·卡夫卡把头向左肩歪了歪。

"您觉得它能飞吗?依我看,这仿佛是一种对基础、对个人力量来源的极大偏离。我从没听说过一只幼鹰可以通过坚持不懈地观察一条胖鲤鱼的遨游而学会真正的飞翔。"

*

我和卡夫卡博士沿着伏尔塔瓦河散步,一直走到国立剧院。从那儿走上护城河,然后左转穿过贝尔格曼街与艾森巷,回到老城环形路。路上我们遇见了与我同窗多年的弗朗茨·P.,他是个优等生,总觉得自己什么都知道。我匆匆打了个招呼便与他擦身而过。我边走边告诉卡夫卡博士，我们，也就是说，包括我在内的一帮男生是多么不喜欢 P.，一逮着机会就"修理"他。

最后我说："那已经是很久以前的事了。后来我和 P. 和解了，甚至还与他一起和别的男生打过架。"

"打赢了没？"卡夫卡实事求是地问道。

"我想算是赢了，"我说，"一开始，两边都有人被打得满头包，脸上挂彩，不过这没有持续多久。后来，那群小子发现他们不能再以殴打我们取乐，所以他们也就不再与我们为敌。"

"这么说来，攻守力量相当平衡。"

我点头道："确实，他们躲着我们。"

卡夫卡博士从喉头发出一声愉快的轻笑，然后说："这是一场意义重大的胜利。迫使敌人保持距离，这或许是最伟大的凯旋。至于最终将邪恶完全铲除，这可没什么好指望的，不过是一场疯狂的梦。邪恶不会因此而被削弱。恰恰相反！这种梦想只能助长邪恶，使其更快地发生作用，因为人们会忽视邪恶的真实存在，从而只把现实作为自己独有的、裹挟着欺骗性愿望的想象。"

我们在卡夫卡家门口停下脚步。他仰起头，缓缓地将视线掠过屋前。"您知道上我家要走多少级阶梯吗？"问话的时候他并没有看我。

"我不知道。"

卡夫卡转过头来看着我,道:"我也不知道。我从来没有数过。如果我知道确切的数字,我可能每爬一级都会因害怕而倒吸一口凉气。"他微笑道,"不妨用面对自己的方式面对困厄,一分钟一分钟将它点亮。"

卡夫卡严肃地望着我。一两分钟后,他移开了视线,说:"消灭邪恶的美梦不过是因失去信仰而滋生的栩栩如生的绝望感。"

*

由 T. G. 马萨里克领导的捷克斯洛伐克第一共和国于 1920 年 4 月举行了第一次议会及参议院普选后,各大参选党派发起了一场如此猛烈的宣传攻势,浩大的声势令人无法视而不见。选举也成了我们讨论的话题,因为卡夫卡多年的朋友马克斯·布罗德是捷克犹太复国党的参选人。从某种程度上来说,这引发了一场轰动,因为迄今为止,人们大概都认为布罗德是批评家、小说家与文化哲学家,而不是真正从政的政治家。因此,人们对他在犹太复国主义杂志《自卫》上发表的文章兴趣大增。不过,我父亲认为布罗德的政党很难在某个选区赢得必要的选票。在一定意义上，卡夫卡博士也认同这个观点。

他说："布罗德与他的政客朋友们相信，犹太复国党一定能在斯洛伐克东部的艾派尔耶什赢得必要的票数。"

"您也这么觉得吗，博士先生？"

"坦白说，并不！布罗德认为，那儿已经具备了犹太复国主义取胜的条件，其依据是，战后的艾派尔耶什成立的捷克斯洛伐克苏维埃政府有如昙花一现，只持续了几天。该政府之所以垮台，主要是因为得不到定居在艾派尔耶什的犹太人的支持。马克斯由此推断，犹太复国主义有发展的可能。可这是非常错误的。艾派尔耶什的犹太人与世界上任何地方的犹太人一样，不过是各大党派的附庸。他们没有现代的民族意识，只有古老的氏族意识。他们的犹太性是向内的。从外在看，他们对执政的合法政权极为适应。这就是艾派尔耶什的犹太人不支持仓促拼凑起来的苏维埃政府的原因。这种被动并非源自犹太民族主义，而是源自犹太人依附于强者的需求。我试着让马克斯·布罗德明白这一点，可他却不理解我。他不明白，他借犹太复国主义所表达的民族主义只是一种防卫。就连布拉格那份犹太复国主义的杂志名字都叫《自卫》。犹太民族主义是将于霜寒之夜穿过沙漠的商队聚集在一起的外部强制力量。这支商队不打算征服，只想拥有一个被篱笆围起的坚实家园,这将为商队中的男男女女提供自由发挥自身存在的可能性。犹太人对家园的渴望不是一种咄咄逼人、愤怒地夺取他人居所的民族主义,从基本上说,它无论在世界中,还是在其核心内都无家可归。因为这种民族主义,再从基本上说,也没有使世界不再荒凉的能力。"

"您是在说德国人?"

卡夫卡沉默不语,用手捂着嘴咳了几声,然后疲惫地说:"我指的是所有掠夺成性的人类族群。劫掠世界无法扩大他们的势力范围,却只能限制他们的人性。与之相较,犹太复国主义只是对个人法则的克难回溯。"

*

我在贝格斯坦区的一栋大角楼里寻找犹太工人协会"锡安工人[1]"的聚会场所。我在阴暗的院子里碰到一群人,于是我便向他们打听情况,可我并没有得到想要的回答,反而被扇了好几下耳光,我不得不立刻逃走。当我喊来警察的时候,院子里自然已是空无一人。警察心情恶劣地问我:"您找这些犹太人干什么?您又不是犹太人。"

---

1 成立于波兰及俄国,促进犹太复国主义运动的犹太工人组织。

我摇了摇头:"不,我不是犹太人。"

"您看看,"这位执法者得意扬扬地说,"果然如此!您找这些地痞无赖做什么?只挨了几下耳光,值得您好好庆幸一番的。回家吧,正派的人不和犹太人来往。"

然后他转身离开了。

过了几天,我把这件事告诉了卡夫卡。

"反犹主义会随着犹太复国主义增长,"他说,"犹太人的自省被认为是对环境的否认。这就导致了自卑感的产生,而爆发的仇恨很容易消除这种自卑感。当然,从长远看,这么做没有任何好处。可这就是人类所有过错的根源:他总是选择具有诱惑力的、显而易见的无价值之物,而非看似难以获得的道德价值。"

"或许人只能这么做。"我评论道。

卡夫卡用力摇了摇头。

"不,人可以有其他做法。原罪证实了人的自由。"

*

讨论东欧犹太故事集[1]的时候,弗朗茨·卡夫卡说:"佩

---

1 指阿图尔·兰茨伯格编辑出版的《隔离区之书:犹太隔离区的美丽故事》。

雷茨、阿什和其他东欧的犹太作家其实都只写民间故事。这是正确的。犹太精神不仅只是信仰的问题,更主要是一个由信仰决定的群体的生活实践的问题。"

＊

我的朋友利奥·雷德勒（Leo Lederer）送我一本带配图的米开朗琪罗专题著作。

我把书带给弗朗茨·卡夫卡看,他盯着摩西坐像的图片看了许久。

"摩西不是个首领,"他说,"他是个法官,一个严厉的法官。毕竟只有严苛而无情的审判才能领导人类。"

＊

我身上有热度还跑去游泳学校,结果染上了轻微的肺炎。

等到又可以出门时,我就到工人意外保险机构找卡夫卡博士。

"您真是不注意身体,"打完招呼后,他责备我道,"这病是个警告。您一定要好好照顾自己。健康不是可以随意支配的个人财产。它只是一种借贷，一种恩赐。大多数人都不明白这一点。所以他们不懂健康经济学。"

"他们发烧的时候也跳进水里了？"我微笑道。

卡夫卡点点头道："对，他们搞得筋疲力尽。这就是引发疾病的预警信号。通常人都是咎由自取，可他们看不到这一点。相反，他们觉得这是生活的责任。所以，他们到健康推行者那儿，请他们干预生命的恶意。可疾病根本不是恶意，而是一种警示，一种对生命的帮助。"

我困惑地盯着地板。

于是卡夫卡问道："有什么不满意的地方是不是？说出来吧。"

我窘迫地答道："我觉得很奇怪，博士先生，您是与疾病打交道最频繁的人，却又用——要我说的话——那么友好的方式谈论它。"

"这一点也不奇怪！"卡夫卡猛地挥了挥手道，"这很自然。我是个骄傲自大的人。我不愿充分感受存在的重量。我的双亲相当富裕，我是他们唯一的儿子。我相信生命就是一种很自然的东西。所以，疾病一次又一次地向我昭示了我的脆弱，并借此充分展示了存在的奇迹。"

"所以，疾病其实也是一种恩典。"

"是的，疾病赐予我们考验自己的机会。"

*

卡夫卡向我讲述他的德国与法国之行时，他提到了马克斯·布罗德："这几次旅行增进了我们的友谊，这再自然不过。陌生的环境让我们的亲近与相似变得更清晰、更鲜明。我想，这就是一个犹太人自嘲笑话的来历。看对方，我们比别人看得更清楚，因为我们在一起旅行。"

*

我们一起沿着码头散步。

我向他询问"Diaspora"一词的含义。卡夫卡说，那是希腊语，意思是犹太民族散居各地。希伯来语中相应的词语叫"Galut"。

他说："犹太民族的散居就像四散的种子，就好像种子吸收周围的养料，储存在自己体内，并引领自己向更高处生长那样，犹太精神的宿命也是如此，犹太人吸收人性中的力量，加以提纯，并将它升华。摩西的故事仍在上演。亚比兰与大坍用'我们不上去！'的高呼反抗摩西，而世界在用反犹主义的呐喊反抗摩西。为了不上升到人性的层次，人们坠入动物学、种族学的幽暗深渊。他们打犹太人，将人殴打致死。"

*

"犹太人与德国人有许多共同点，"提起卡雷尔·克拉马赫（Karel Kramá）[1]博士的时候，卡夫卡说，"他们都雄心勃勃，勤恳能干，都彻底被其他人厌恶。犹太人与德国人都是被放逐的人。"

"或许他们都是因为这些特点才被人厌恶的。"

可卡夫卡摇了摇头。

"哦，不！原因要深刻得多，说到底还是与宗教有关。对犹太人来说，这点一目了然。至于德国人，我们看得或许还没那么清楚，因为他们的神庙还没有被摧毁。不过这迟早会发生的。"

"为什么？"我惊讶地问道，"德国人也不是神权统治下的民族，他们的神庙里并没有属于国民的神啊？"

"大家都是这么想的，可实际上并非如此。"卡夫卡说，"德国人有神，这个神能让钢铁生长。他们的神庙是普鲁士

---

[1] 捷克政治家。曾多次当选奥匈帝国议员，奥匈帝国解体后成为青年捷克党党魁。

的总参谋部。"

我们都笑了，弗朗茨·卡夫卡却称他这个说法是相当严肃的，只是因为我笑，他才跟着笑了。他的笑声是受了我的感染。

*

我陪同卡夫卡博士从工人意外保险机构回家。但这次我们没有穿过策尔特纳街，而是沿着护城河。我们谈到了一位以奇幻故事及小说见长的奥地利成功作家的新短篇小说集。

"他拥有不可思议的发明天赋。"我赞赏地说。

可卡夫卡只是微微撇了撇嘴唇，道："发明比寻找容易。以独具一格的、尽可能广泛的多样性描绘现实或许是最困难的事情。各种日常的面孔从每个人身边经过，像一支神秘的昆虫大军。"

我们在奥布斯特街与布鲁克尔街的拐角处停了下来，他若有所思地望着位于文策尔广场下方热闹非凡的枢纽站点。

"是什么在那儿汇聚？每一张脸都是一座碉堡。没有什么能像人的脸那样消失得那么快。"

我笑道："苍蝇与跳蚤是很难抓的。"

"没错,我们走吧。"卡夫卡点点头,转身迈着大步沿着布鲁克尔街走了下去。

*

我们拜谒位于荣格曼广场的雪中圣母方济各会教堂,它拥有全布拉格最高的中殿。卡夫卡对教堂的名字特别感兴趣。所幸的是,我在这儿听过好几次老式捷克教堂音乐会,并借此机会对这座教堂进行过深入的了解,所以我能为他解释这个名字的由来。

根据一个古老的传说,4世纪的罗马城住着一个富裕且极为虔诚的市民。圣母在梦中嘱托他,要他在第二天下雪的地方为她建一座教堂。据说这事发生在公元352年盛夏最炎热的时候。这个极为荒唐的梦最后竟然应验了,因为第二天早晨,罗马的埃斯奎利诺山上覆满了白雪。这个罗马市民——我已经不记得他的名字了——便在这儿建了第一座雪中圣母堂。

布拉格雪中圣母方济各会教堂主祭坛上的画像,画的就是据说促成了教堂在罗马建立的这个梦境。

我一边将画指给卡夫卡博士看,一边总结道:"教堂的名字就源自这个奇迹传说。"

对此，卡夫卡说："这我就不知道了。我只读过后来编年史作者提供的资料。据他们记载，这座教堂应该是15世纪极端胡斯派[1]派众的一个重要据点。"

我们继续走。

卡夫卡的脸上瞬间闪过一丝笑意，可紧接着，他的嘴角紧紧地缩了起来，道："奇迹与暴力只是不虔诚的两极。为了一条永不到来的指路谕令，我们在被动的期待中耗尽了光阴，也正是由于这种紧张无比的期待，我们才将福音拒之门外。也有人急不可耐地抛开所有的期待，将一生都浸淫于火与血的犯罪狂欢。两者都是错误的。"

我问："那什么是正确的？"

"像这样，"卡夫卡不假思索地指着一位跪在靠近出口处侧祭坛前的老妇道，"祈祷。"

他挽住我的胳膊，轻轻地把我推到教堂门口。

走到前院，他说："祈祷、艺术与科研，不过是从同一火源升起的三种烈焰。人类想超越瞬间被赋予的个人意志可能性，想越过个人小我的界限。艺术与祈祷只是向黑暗伸出的手。人为了馈赠自我而乞求。"

---

[1] 以基督教改革家扬·胡斯为首的教派，主张一切应以《圣经》为唯一的依归，并否认教皇的权威性。1415年该教派被天主教会认定为异端，胡斯也于同年在康斯坦茨受火刑而死。

"那科学呢？"

"与祈祷一样，是一只乞求的手。为了把存在嵌入小我的摇篮，人将自己投入消逝与形成之间的黑暗弧光，这就是科学、艺术与祈祷所行之事。因此，沉浸于自身并非陷入无意识，只是将黑暗的感知提升到明亮的意识表层。"

*

我们——卡夫卡博士、我父亲与我——站在工人意外保险机构的窗前。某个协会的成员穿着五彩缤纷的民族服饰，举着旗帜，吹奏着乐器在街上列队经过。

我说："这些人怎么还穿着封建农奴的旧制服？这一切早就结束了。"

"如你所见，它并没有消亡，"我父亲说，"这是个古老的民俗传统。"

卡夫卡微笑道："这完全是偶像崇拜。"

"您是指民族主义？"我问。

"没错，"卡夫点头道，"这也是宗教的替代品。从这儿列队经过的每一个人都背着一具偶像。从外表来看，它极小、极轻便。这个偶像是人们在畅饮啤酒的晚上用恐惧与虚荣心拼凑出来的。尽管如此，我们所有人都会被这些傀儡纠缠，因为没有比这些用啤酒、唾液与报纸拼成的肮脏山妖更贪婪的偶像了。"

*

弗朗茨·卡夫卡告诉我，布拉格的犹太诗人奥斯卡·鲍姆小时候在德国小学读书。总有德国学生与捷克学生在放学回家的路上打架。在这样一次斗殴中，奥斯卡·鲍姆被一根木质羽毛掸打中眼睛，因视网膜脱落而双目失明。

"犹太人奥斯卡·鲍姆以德国人的身份丧失了视力。可他从来都不是德国人，他的这一身份也从未被承认过。或许奥斯卡只是所谓布拉格德国犹太人的一个悲惨象征。"卡夫卡说。

*

我们谈起捷克人与德国人的关系。我说，如果把捷克的历史译成德语出版，或许有利于两国之间的理解。

可卡夫卡沮丧地摆摆手，表示不同意。

"这没什么用，"他说，"谁会去读这书？只有捷克人和犹太人。德国人肯定不会读，因为他们不想认识、理解、阅读，他们只想占有与统治，理解只会对此造成障碍。若是不了解邻人，反而就能更好地压迫邻人，因为压迫者不会受到良心的煎熬。正因如此，没有人了解犹太人的历史。"

我反对道："不是这样的。小学一年级就开始教授圣经故事了，这也是犹太民族历史的一部分。"

卡夫卡苦笑道："这倒没错！犹太人的历史就此披上了童话的色彩，不久之后，就会连同童年一起被人扔进遗忘的深渊。"

*

我与朋友利奥·雷德勒在共和国广场上告别时，突然见到弗朗茨·卡夫卡向我走来。

"我从特施诺夫街开始就一直在您身后了，"说完例行的开场白后，他说道，"您简直谈得忘乎所以。"

"利奥向我解释了泰勒的管理理论及工业中的劳动分工。"

"这是件可怕的事。"

"博士先生，您是不是想到了人类被奴役？"

"不止如此。这样大规模的罪恶最终只能导致邪恶的奴役。这很自然。所有造物中最崇高，也最难以被触碰的部分——时间——被压在不洁的商业利益网下。如此一来，不仅是造物，首先是作为造物组成部分的人类也被玷污、羞辱了。这种泰勒化的生活是一种可怖的诅咒，从中只能产生饥饿与困窘，而无法得到想要的财富与利益。这就是进步……"

"迈向世界毁灭的进步。"我补充道。

弗朗茨·卡夫卡摇了摇头。

"要是我们至少还能如此肯定地推断倒好了，可没有什么是确定的。因此我们无法言说。我们只能尖叫、结巴、喘息。生命的流水线将我们带到某个未知之地。比起生物，人更像是个东西，像个物件。"

卡夫卡突然停下脚步，伸出手。

"您看！这儿，这儿，您看到了吗？"

言谈之间，我们走到了雅各布街，一只毛绒球般的小狗从街上一栋房子里跑出来，经过我们面前，消失在坦普尔街的街角。

"一只可爱的小狗。"我说。

"一只狗？"卡夫卡疑惑地问，慢慢地继续迈开脚步。

"一只年幼的小狗。您没看到吗？"

"我看到了。可那是只狗吗？"

"是只小贵宾。"

"贵宾犬！那可能是只狗，也可能是一种象征。我们犹太人有时候会犯一些悲剧性的错误。"

"那只是一只狗。"我说。

"要是这样就好了，"卡夫卡点点头道，"可这个'只是'仅适用于需要它的人。有些东西对某些人来说是一捆垃圾，或是只狗，对另一些人来说就是种象征。"

"《家长的担忧》中的奥德拉德克[1]。"我说。

可卡夫卡并没有接我的话，而是顺着他刚才的话题总结道："总有些东西超出预料。"

我们默默地走过泰因霍夫街。走到泰因教堂的侧门前时，我说："布洛伊写道，犹太人悲剧性的过失在于他们没有认出弥赛亚。"

"或许确实如此，"卡夫卡道，"或许他们确实没有认出弥赛亚。但是，一个令他的造物无法辨认的上帝是多么残忍。父亲总会去寻找孩子，因为孩子还无法正确地思考及说话。不过，这不是个能在街上谈论的话题。另外，我已经到了。"

卡夫卡朝他父亲的店铺努了努嘴，伸出手与我道别。然后他快步消失在金斯基宫中。

---

1 小说中的一个古怪的东西或生物，以叙述者描述的某种规则行动。

＊

我收到一份慈幼会的报纸,上面刊登了一篇报道,写的是 1917 年,爱尔兰牧师弗拉纳根神父在美国内布拉斯加州的奥哈马市附近建立了一座孩童镇。

读了这篇文章后,卡夫卡说:"我们所有的城市与工厂都是由这样的迷途孩童创造的,他们通过屈服找到自由。"

＊

我们散步越过查理大桥,经过克莱因塞特纳桥塔,穿过萨克森巷,走入大修道院院长广场。从那儿穿过普罗科匹厄斯巷,来到鸡蛋市场(如今的克莱因塞特纳市场广场),沿着布拉迪斯拉法街向上行,走过约翰内斯堡街宽阔的台阶进入斯珀纳尔街。顺着这条路向下走,就能见到克莱因塞特纳环形路和有轨电车。

卡夫卡为我介绍了桥上的雕像,向我指出了各种细节,带我参观了古老的族徽、大门、窗框及不同的装配工艺。在查理大桥上,他伸出右手指着一个小小的砂岩天使,它位于圣母马利亚雕像身后,叉开五指捂着鼻子。

"他这么一捂,好像天堂里都是臭的。对于像天使这样的天人，凡间的一切必定都恶臭无比。"

"可他蹲在圣母像的脚下。"我说。

"正是如此！"卡夫卡喊道，"没有比母亲更尘俗，而因此更高耸于世间的东西了。通过生育的痛楚，俗世的尘埃里种下了全新的希望之光，也种下了全新的幸福机会。"

我默然。

我们在鸡蛋市场上经过肖伯恩宫时，卡夫卡说："这不是一座城市。这是时间之洋满是罅隙的底部，堆满了焚尽的梦想与激情的碎石，我们穿行其间，就好像戴着潜水钟罩行走那样。这里固然有趣，可随着时间推移，人们将无法呼吸。大家必须像潜水员那样往上游，不然血液就会把肺冲破。我在这里住过一段时间。我不得不离开。这儿太远了。"

"是的，"我点点头道，"这儿去内城很不便利，必须要穿过古老的石桥，再拐过曲折纷繁的小巷。没有直达的路线。"

卡夫卡沉默了片刻。然后他接着我的话问了个问题，又立刻自己回答道："我们究竟有没有什么直达路线？直达的路线只是梦幻，只会让人误入歧途。"

我迷惑不解地看着卡夫卡博士。从克莱因塞特区前往波里奇区工人意外保险机构的这条路和梦有什么关系？

为了掩饰我内心升起的迷茫，我压低声音道："坐有轨电车也不能真的到达目的地,还是得换乘,通常要等很久才能坐上正确的车。"

可卡夫卡博士看起来根本没听见我说的话。他下巴前倾,双手埋在单薄灰色大衣的口袋里,步履匆匆地走下陡峭的斯珀纳尔街。如此一来,刚到他肩膀的我不得不一路小跑,才不至于跟丢。一直走到克莱因塞特纳环形路,卡夫卡仿佛才意识到自己刚才的步履过于匆忙。

他在有轨电车的站台上停了下来,不好意思地笑道:"看起来像是我要把您甩掉似的。我是不是走得太快了?"

"没事的,"我把手绢垫到汗津津的衬衫领子下面,"下山的时候总是要走得快一些。"

可卡夫卡博士不同意我说的话。"不,不。不只是因为山,因为我心里还有一个倾斜的平面。我像一个球那样朝宁静滚去,这是个让人失去控制的缺点。"

"真的没事。"我重复了一遍,可他摇了摇头。

他越过我望着托马斯街街口,嘴里还一直低声地咕哝着,听起来像是提高了音量的自言自语:"老房子之间的宁静仿佛一颗炸药,炸毁了内心所有的堤坝。双腿跑下山,声音逐字逐句地构建起山的形象。内部与外部的边界消失了。人在街道间游荡,就像穿过黢黑时光废水汇集成的运河。人倾听自己的声音,以为听见了什么格外机智幽默的东西,可那不过是痉挛般遮掩自己的贬值。人——可以这么说——轻蔑地俯视自己。就差把手插进口袋,找一张纸、一支笔给自己写封匿名信了。"

一辆有轨电车缓缓从托马斯街街口驶来。

卡夫卡仿佛惊醒一般跳了起来。

"好了,我们的车来了。我们可以上车了。"他笑着挽起我的手臂。

*

弗朗茨·卡夫卡翻阅了我带到他办公室的那本由阿尔方斯·帕奎(Alfons Paquet)所著的《俄国革命精神》。

"您想读这本书吗?"我问。

"谢谢,"卡夫卡说着把书放在桌面上递还给我,"我现在没空读。真遗憾。人们试图在俄国建立一个完全公正的世界。这是一桩宗教事件。"

"可布尔什维克反对宗教。"

"因为它自己就是一种宗教。这些干预、起义与封锁算是什么?它们是大规模残酷宗教战争的小小前奏,这些战争将会席卷全世界。"

＊

我们遇到一大群扛着各色旗帜参加集会的工人。卡夫卡说:"人们真是自信满满,精神焕发。他们统治了街道,就以为自己统治了全世界。实际上他们弄错了。他们的背后站着秘书、公务员、职业政治家——全都是些为自己铺设掌权之路的当代苏丹。"

"您不相信群众的力量?"

"我看见了这些无形的、看似难以抑制的群众之力,它们渴望被驯服、被塑造。每一场真正的革命运动最后都会出现一个拿破仑·波拿巴。"

"您不相信俄国革命会进一步蔓延?"

卡夫卡沉默了片刻,然后道:"洪水越蔓延,水就越浅、越浑浊。革命蒸发后,剩下的只有新官僚主义的淤泥。办公室的文书是饱受折磨的人类的镣铐。"

＊

不需要特别敏锐的目光,就能看出办公室生活对卡夫卡来说是一种折磨。

他经常歪歪扭扭、弯腰驼背地坐在光洁平整的大办公桌前,脸色灰黄。可要是有人问起他的情况,他总是故作开朗地答道:"谢谢,我很好。"

这种防御是一种有意而为的谎言,与卡夫卡博士本人极不相称。因为据我父亲及几位我也认识的同事说,在整个工人意外保险机构里,没有比法务部主任更执着于真相与正义的人了。

我父亲说,卡夫卡曾好几次告诉他:"如果没有所有人都能理解因而都可以自觉服从的真理,那么每一条命令都只是原始的蛮力,是早晚会在渴求真理的压力下散架的牢笼。"

我父亲与他的同事们认为,卡夫卡对真理的热爱是强烈的伦理意志高度发展的表征。可实际上——用卡夫卡自己的话说——完全并非如此。

这是我了解到的事实:

我头几次拜访卡夫卡的时候,听到他的言论,我总是讶异地发问:"真的是这样吗?"起初,卡夫卡还会短促地点头作答,可认识他久了之后,有一次,当我还用这种刻板的提问方式表达我的惊讶时,他对我说:"请您不要问这个问题。您总是用这么一句话揭露我,我看到了自己的无能。谎言是一门艺术,它与其他艺术一样,需要人耗尽全部力量。说谎者必须全情投入,自己先相信这个谎言,这样才能用它说服其他人。谎言需要激情的火焰。可这么一来,它揭露的东西比隐藏的东西还多。我承受不了。所以我只有一个藏身之处——真实。"

他微启的双唇中传出一声山妖似的轻笑。我也跟着笑了起来,可我的笑苍白而尴尬。因为我从心底为自己感到羞耻,在与卡夫卡博士迄今为止的交往中,我对语言的处理是如此肤浅。卡夫卡前不久还告诉过我,语言是我们内心无法摧毁之物的外衣,它将比我们存活得更长久。想到此处,我更是羞愧难当。

我已经不记得当时我如何结结巴巴地从这场耻辱的旋涡中逃脱,但有一点我可以肯定:自从那天起,我开始注意自己的言辞,不仅是在与卡夫卡博士交往的过程中,与其他人交流时更是如此。这增强了我的接受能力。我学会了更好地观察与倾听,我的世界因此变得更深刻、更复杂,而没有变得更冷酷、更疏离。相反,通过各种极富多样性、一再让我深感惊奇的人与事,我的存在变得更丰盈、更有价值了。喜悦情绪的浪潮引领我穿越时空。我不再是一个微不足道的、渺小的公务员的儿子,而是一个为世界的标杆、为自己的声誉而战的人,一个为人类与上帝而战的小小斗士。这都要多谢卡夫卡博士。所以我钦佩他,崇敬他。我能感觉到,我通过他带给我的深刻体验一天天成长,我的内心也变得愈加自由美好。因此,当时对我来说,没有什么比与卡夫卡博士一起坐在办公室里，或是与他一起走过布拉格的街道、花园与穿堂房屋，一次又一次满怀敬仰地听他说话更为美妙的事情。

我承认，只有唯一一件使我困扰的小事。就是那句"谢谢，我很好"。

卡夫卡是不是觉得自己如此可怜孤独，才会用这种刻板的套话抵御好奇的进犯？

是在抵挡、抗拒那些令人厌烦的访客吗？

莫非我也是其中的一员？

这些想法总让我既痛苦，又焦虑。所以，后来我从来没有问过卡夫卡过得好不好。每当有人在我面前问出这个问题，听到卡夫卡以拙劣的演技平静地说谎时，我就深感不安。

每逢此时，我根本无法保持平静。我不得不紧张地在访客椅上来回挪动，拽拽上衣的纽扣，来回拨弄自己的指甲，伸手去拿报纸或书，或干脆打起哈欠来。

卡夫卡博士一定注意到了，也一定对此进行过深思熟虑，因为有一次——我不记得是哪一年了，但那天艳阳高照，所以那一定是个明媚的夏日——他突然向我解释了他习惯性地撒这个谎（这也是我所知的他唯一的谎言）的原因。

我们在如今位于火车站下方的市立公园闲逛。在小池

173

塘的铁栏杆旁,我们停留了很久,一群有着棕色斑纹,或是黑白绿相间的鸭子在幽暗的水面上嬉戏。我们身旁站着不少妇女孩童,他们从一个跛足老人——他圣尼古拉斯般蓬松的白胡子一直垂到了椭圆形的售货箱上——那儿买来面包卷与咸味零食棒,掰碎了喂给嘎嘎叫着、在水中划来划去的鸭子。我们观察了他们很长一段时间。

"您觉得谁更快乐,"卡夫卡问我,"鸭子还是孩子?"

我回答:"我觉得是鸭子。它们得到了食物,生存下去的物资。"

"那孩子们呢?什么都没得到?"卡夫卡博士用责备的目光看着我,"快乐能滋养人类的灵魂。如果没有快乐,人活着与死了又有什么分别?"

他转过身,一边继续走一边慢慢地告诉我:"我还记得我小的时候,每当保姆威胁我,以不带我去市立公园看鸭子作为我不听话的惩罚时,我总是绝望地号啕大哭,爬进我们家饭厅餐柜与碗橱之间的黑暗角落。当时在柜子后面,我第一次听见了自己的心脏在胸膛中恐惧地跳动。从小环形路走到市立公园的这条路从一开始便是一场极大的冒险,主要是因为保姆的那双手套。她戴着一双已有些老旧松垮的棕色漆皮手套。后来,她买了一双新的针织手套。可我不喜欢它们,我非常喜爱那双老旧的棕色漆皮手套。它的触感总让我的背后发出一阵充满快感的战栗。因此，每次散步前我都会央求道：'小姐，求您戴上那双漆皮手套。您戴着它牵着我散步，就像是在爱抚我的手。'我第一次这么说的时候，保姆笑道：'你真会享受！'当时我确实爱享受。牵着保姆的手在市立公园喂鸭子时感受到的深切的快乐与喜悦，后来我再也没有体会过。"

卡夫卡沉默了。

我们穿过短短的通行小道，走入一条灌木繁茂、零星地种着几棵树木的侧道。这条侧道与位于公园边缘的主干道平行，在主干道后方，我们可以看见当时雍容华贵的马利亚大道房屋门面的上半部分。

我们在这条侧道上经过一条长椅。长椅上坐着两男一女，看上去像是乞丐。

坐在首位的是个头发灰白蓬乱的男子，他长着一张蓝紫色的酒鬼脸，头上戴着一顶凹陷的圆顶礼帽。他从上衣口袋中掏出烟头，取出中间的烟丝。然后，他把如此取得的烟丝塞进夹在双腿间的脏亚麻布袋。

他旁边坐着一位晒伤的老妇，她穿一条绿色的天鹅绒裙子，裹一件油迹斑斑的黑色男式上衣。她头上精心地包着一块灰褐色的印花布头巾，遮住了她所有的头发。她张开嘴，露出一口黄牙，正将一块半块砖大小的蛋糕送到唇边。

离她三拃远的地方，坐着一个满脸皱纹的老年男子，他整个上身向前佝偻，褪了色的绿色猎人帽一直被推到脖子上。他戴着一副老式的金属丝眼镜，我们经过的时候，眼镜三次滑落到他那略显短小的鼻尖上，他便用干枯的食指机械地扶了三次眼镜。与此同时，他正在整理铺在膝头红蓝格子手帕中的一堆硬币。

我们经过时，听到了他们谈话的简短片段，这些话清晰地揭示了他们乞丐的身份。老妇嘴里塞满了食物，转头问戴眼镜的老头："今天怎么样？"

"还可以，还可以！"老头喃喃道。

"谢天谢地，"从烟蒂里收集烟丝的人赞许地说，"今天是个好日子。我从以马忤斯修道院弄到了两碗汤。"

老妇朝后靠了靠，满意地微笑道："我在查理广场上给一个护士看手相，我说她前程似锦。她塞给我一个克朗，两块蛋糕。"

"收获不小啊！"两个男人同时在我们背后喊道。

"您说呢，"走了几步后，卡夫卡问我，"我们有长椅上那三个人那么快乐吗？"

"我不觉得。"

"我也是，"卡夫卡点点头，"我们今天肯定没那么幸运。"

"我刚想这么说！"我笑着喊道，"我们既没有在人行道上赚到烟，也没有在查理广场拿到蛋糕。不过我们也没有说谁前程似锦。"

"您在开玩笑，"卡夫卡咕哝道，"可我是认真的。幸福与财产无关，幸福只是态度问题。也就是说，幸福的人看不见现实阴暗的边缘。他活着的感觉远远超过了在死亡意识中捶打的木蠹。人忘了自己不是在行走，而是在坠落。人仿佛是被麻醉了。因此，如果有人询问我们过得如何，那就是种极为不雅的行为。它们简直乏味，就像一颗苹果询问另一颗苹果，咬您的那些虫子怎么样了，要不，就像一棵草询问另一棵草，您怎么枯萎了，是什么让您腐烂了。这算是什么问题？"

"这也太可怕了！"我不禁嚷道。

"您看，是不是这样？"卡夫卡说着高高地抬起下巴，他脖子上的肌肉像绷紧的绳子那样突出。

"询问身体状况增强了人的消亡感，像我这样的病人对此格外缺乏抵抗力。"

我听到他用鼻子深深地吸了一口气。

"或许还没那么糟，"我不知所措地答道，"您就不要想您的病了。"

"我也这么告诉自己，可此时我已经在想它了。我无法忘记我的病。我没有能将它从我的意识中解放出来的东西。

我缺的是一份体面的工作。"

"为什么？"我有些愤愤不平地反问，"您在工人意外保险机构不是有份工作吗？大家都很看重您……"

卡夫卡立刻打断了我的话："这不是工作，是腐烂。每一种真正积极的、目标明确的、让人格外充实的生活都拥有火焰般的蓬勃与光芒。可我在做什么？我坐在办公室里。那只是个臭气熏天、让人毫无幸福感的浓烟工厂。所以，我才平静地向那些问我如何的人说谎，而不是像个被审判的犯人那样默默转身离去。其实我就是这样一个犯人。"

*

我为卡夫卡转述了一场介绍俄国局势的讲座，讲座由马克思主义大学生协会举办，地点是希博纳街上的社会民主人民会堂的罗莎厅。我父亲陪同我听了这场讲座。

等我介绍完讲座内容，弗朗茨·卡夫卡说："我对政治一窍不通。这当然也是我想克服的缺点之一。可我有那么多不足之处！离我最近的东西总是日益远离我，向远方逃逸。我非常佩服马克斯·布罗德，他深谙政治的奥妙。他经常给我讲许多时事。我聆听他的话，就像现在听您说话一样，可这些事我无法完全参透。"

"是不是我没有表达清楚?"

"您误会了。您表达得很清楚,错在我。在我看来,战争、俄国革命与全世界的苦难就像是邪恶的浪潮。这是一场洪水。战争已经打开了混乱的闸门。人类生存的外在支撑结构正在坍塌。历史事件将不再由个人,而只能由群体承担。我们被推搡,被挤压,被清扫。我们遭受历史。"

"您的意思是,人类不再是世界的共同创造者?"

卡夫卡微微来回摆动着上身,说:"您又误会我的意思了。恰恰相反,是人类将与世界的合作及共同责任抛之脑后。"

"这不可能。您没见到工人党的崛起吗?还有群众思想的灵活性呢?"(这番话呼应的是俄国的局势及我父亲对此发表的看法。)

"原因正是如此,"卡夫卡说,"运动剥夺了我们观察的可能性。我们的意识受到了限制。我们没有意识到自己没有失去生命,却失去了意识。"

"所以您的意思是,人们变得不负责任了?"

弗朗茨·卡夫卡苦笑。

"我们都像独裁者那样活着。我们就是这样变成乞丐的。"

"那结果会怎样?"

卡夫卡耸耸肩望着窗外。

"答案只有希望与承诺。可这一点儿也不安全。"

"可是如果没有安全,整个生命又是什么呢?"

"是堕落。或许是罪孽。"

"什么是罪孽?"

卡夫卡用舌尖润了润下唇,回答道:"什么是罪孽……我们认识这个词,也知道如何运用,可却失去了对它的感觉与认知。也许这已经是诅咒,是亵渎上帝,是毫无意义的事。"

我父亲走进办公室,打断了我们的谈话。

临别时,卡夫卡博士突然用满怀歉意的语气对我说:"别把我对您说的话放在心上。"

我很惊讶。卡夫卡是我的老师和告解神父。我郁郁地问道:"为什么?您刚才明明很严肃。"

他笑了。

"正因如此。我的严肃可能会成为您的毒药。您还年轻。"

这话刺伤了我。我说:"年轻又不是缺陷,所以我才能不断思考。"

"我看我们今天真的是无法互相理解了。不过这也很好。误解能保护您,让您不被我邪恶的悲观主义影响。它是一种罪孽。"

＊

1921年的圣诞节，父亲送了我一本《人类的解放——过去与现在的自由思想》。

我把这本内容丰富的书（我想是在1923年春天）拿给卡夫卡看。他盯着两幅翻印的画看了许久，分别是阿诺尔德·伯克林（Arnold Böcklin）的《战争》与韦雷什恰琴（Veresschtschagin）的《头颅金字塔》。

"其实战争从来没有得到过正确的描绘，"卡夫卡说，"通常展示在我们面前的只是它的部分现象或结果，比如这幅《头颅金字塔》。但是，战争的可怕之处在于它瓦解了所有现存的确定性与惯例。动物性的、物理性的东西四处蔓生，扼死了一切精神性的东西。就像癌肿。人的生命不再以年、月、日、小时计，而以瞬间计。哪怕在这几个瞬间，人都不算是活着。人只是有意识，只是存在。"

"这是因为死亡将近。"我说。

"是因为对死亡的认识与恐惧。"

"这难道不是同一件事？"

"不是。完全理解生命的人不畏惧死亡。畏惧死亡，只是生命不充实的结果。这是一种不忠的表现。"

*

我们谈到了战后诸多国际会议中的一次。

弗朗茨·卡夫卡说:"这些大型政治会议的水准与寻常的咖啡馆会晤没什么差别。大家谈得多,说得响,是为了尽量少说。这是一种嘈杂的沉默。真正真实、有趣的不过是背后只字未提的生意。"

"就您看来,新闻界不为真理服务。"

卡夫卡嘴角抽搐了一下,露出一个苦涩的笑容。

"真理属于生命中极为稀缺的、真正伟大而珍贵的东西,它是金钱买不到的。它与爱情和美貌一样,都是给人类的馈赠。可报纸是一种可以交易的商品。"

"所以,新闻界的作用是使人类变得愚蠢。"我忧心忡忡地说。

卡夫卡笑了,得意地扬起下巴。

"不,不!哪怕是谎言,也是在为真理服务。影子是遮不住太阳的。"

*

弗朗茨·卡夫卡非常不信任报纸。当他看到我这儿有一大堆各式各样的报纸时，他笑了。

他曾经说过："'葬身于报纸中'这种说法真是一针见血。报纸将天下大事一沙一石、一尘一土地报道出来。它们就是一堆沙土而已，又有什么意义？把历史看作堆积的事件，这毫无意义。我们在报纸中无法找到意义，只有在信仰中，在将看似随机的事件客观化中才能找到。"

*

我不记得卡夫卡博士曾在什么场合说过，读报是种文明的陋习。"它就好比抽烟，人不得不向压迫者支付买毒药的钱。"

卡夫卡博士不抽烟，可至少在我的印象中，他是个热衷于阅读报纸杂志的人。他的办公桌上永远摆放着各种德语及捷克语的期刊，有时还会出现法语期刊。他经常在对话中评论从中读到的新闻。比如，卡夫卡对意大利法西斯主义的评价就让我记忆犹新。有一次，看见一排长腿年轻舞女的照片后，我们不禁聊起这个话题。

我记得，事情大约发生在1922年10月或11月。卡夫卡的办公桌上摊着一本大大的戏剧杂志，上面报道了在巴黎与柏林上演的新歌舞剧，还印了一些照片。

"她们是舞者?"我扫了一眼整齐排成一排的舞团成员,笨拙地问道。

"不,她们是士兵,"卡夫卡回答,"歌舞剧是戴着面具的正步游行。"

我一脸不解地看着卡夫卡博士。他更为详细地为我解释:"普鲁士式的正步走与女孩们的舞蹈目的相同,两者都压制个性。士兵与女孩都不再是自由的个体,而被捆绑在一起,成了群体中的一员,他们得按照一个自己浑然不知的命令行动。所以,他们是所有指挥官的理想。不需要解释,也不需要重塑,一声令下就已足够。士兵与姑娘们像木偶般行进。这让最微不足道的指挥者也变得伟大。您看,他就在那儿!"卡夫卡从办公桌中间的抽屉中拿出一份《周刊》,翻开后指着墨索里尼的照片道:"这个人长着驯兽师般的方嘴,喜剧演员般严肃、深邃的假玻璃眼珠。总而言之,他是真正的游乐园园长,就是他让那些既政治又不政治的舞女只能以集体的形式发挥作用。他们来了!"

他指了指下一页上的图片,那是一群笑逐颜开地参与罗马游行的人。"您看到这些人的脸了吗?他们快乐无比,因为他们不必思考;他们坚信,数不尽的肥差与珍馐已经在罗马等着他们。墨索里尼的支持者不是革命者,只是伸出爪子去够自己填不满的碗盆的人间渣滓。"

＊

我来到卡夫卡的办公室，里面没有人。公文没有合上，盘子里放着两只梨，办公桌上还放着几份报纸，说明他在楼里。于是，我在桌边的访客椅上坐下，拿起《布拉格日报》读了起来。

过了一会儿，卡夫卡回来了。

"您等了很久吗？"

"没有。我在看报呢。"说着，我把手中登着"国际联盟会议"的报纸给他看。

卡夫卡做了个无可奈何的手势。

"国际联盟！它真的是各国人民的联盟吗？我认为，国际联盟这个名字只不过是新战场的伪装。"

"您不认为国际联盟是个和平组织？"

"国际联盟是个将战争本地化的组织。战争还在继续，只不过换了其他的作战手段。兵师被商人的银行取代。工业的战争潜力被金融的战斗力取代。国际联盟并非各国人民的联盟，而是各大利益集团的中转站。"

*

我请弗朗茨·卡夫卡注意一篇有关战争赔款问题的重要文章。他没有把目光放到报纸上,只向前努了努下唇道:"这基本上都是些特别简单的问题。人们无法表达的问题才是真正困难而无法解决的,因为它们涉及整个生命。"

*

我们谈及报纸上的一篇文章,写的是欧洲和平前景堪忧。

"和平协议终究已成定局。"我说。

"没有已成定局的东西,"弗朗茨·卡夫卡说,"照亚伯拉罕·林肯的说法,没有得到合理解决之前,凡事都未成定局。"

"那要等到什么时候?"

卡夫卡耸耸肩。

"又有谁能知道呢?人不是神。历史由每一个微不足道的时刻组成,谬误与英雄事迹掺杂其中。如果将一块石头扔进河里,水面上会出现一道道涟漪。不过,大多数人没有集体责任意识地活着,我想,这才是痛苦的核心。"

"你对马克斯·霍尔茨（Max Hoelz）的案子怎么看？"

他是1921年在德国中部发起起义的领导人，在德国边境线外被捕，捷克斯洛伐克政府拒绝将他引渡回德国。

卡夫卡耸耸肩。

"人能够通过恶实现善吗？与命运抗衡的力量其实是一种虚弱。奉献与忍受要强得多。但是，萨德侯爵无法理解这一点。"

"萨德侯爵？"我疑惑地问。

"没错，"弗朗茨·卡夫卡点了点头，"萨德侯爵，您曾借给过我他的传记。他是我们这个时代真正的庇护人。"

"或许并非如此。"

"哦，就是这样。萨德侯爵只能通过别人的痛苦获得生活的快慰，正如富人的奢侈由穷人的困窘来支付。"

为了掩饰我的失利，我把手伸进公文包，拿出几幅文森特·凡·高画作的复刻图片。

卡夫卡非常高兴。

"这座紫色夜晚掩映下的咖啡馆庭院太美了，"他说，"其他画也非常美，可咖啡馆庭院让我沉醉。您看过他的素描吗？"

"没有。"

"太可惜了。《疯人院寄出的信》这本书里收录了一些。

或许您能在哪儿找到这本书。要是我也会画画就太好了。其实，我也一直在尝试作画。可我并画不出什么作品。都是些非常个人的画迹，过了一段时间后，连我自己也无法理解它们的含义。"

*

我给他展示了一份《维也纳周刊》的周年纪念册，上面印着过去五十年里最重大事件的照片。

"这是历史。"我说。

卡夫卡抿了抿嘴，说："怎么会！历史比这些老照片可笑得多，因为历史大多由官方行动组成。"

*

这次谈话过去两天后，我去办公室拜访卡夫卡，他手里拿着一份文件，恰好要离开办公室。我正要走，他却拦住了我。

"我马上就回来，"他说着把访客椅推到我身边，"您先翻翻报纸。"

他又塞给我几份德语及捷克语的报纸。

于是我接过报纸,读了读粗体字印刷的标题,快速浏览了法院报道与少得可怜的戏剧消息——其实也就是几则剧院的广告。然后我翻了翻报纸。体育新闻下方刊登着一部正在连载的侦探小说。卡夫卡回来时,我已经读完了两三段。

"我看,您已经沉醉在强盗与侦探的世界里了。"他看了一眼我正在读的内容道。

我立刻把报纸放回桌上:"不过是随便翻翻不入流的文章。"

"您把为出版商赚了最多钱的文学作品称作不入流?"卡夫卡装作愤愤不平地质问。他坐到桌前,还没等我出声,他又说:"这可是重要的商品。侦探小说是一种麻醉剂,它改变了生活的全部比例,从而让世界发生了翻天覆地的变化。侦探小说总在揭示隐藏在非凡事件后的秘密。然而生活中却正相反,秘密不会鬼鬼祟祟地藏在后面。正相反!它完全暴露在我们面前!这再自然不过,所以我们才看不见它。日常是最伟大的强盗小说。每一秒,我们都漫不经心地经过成千上万的尸体与罪恶。这是我们每日的例行事务。尽管我们早已习以为常,可如果还有什么能让我们惊喜,那我们将拥有美妙的镇静剂——侦探小说。它把存在的每一个秘密都描绘成应受惩罚的例外现象。所以,侦探小说不是不入流的文章。用易卜生的话来说,它是社会的支柱,是冷酷的败德身上那件浆洗过的白衬衫,却总被自诩为资产阶级的教化。"

*

我向卡夫卡叙述了我的梦:马萨里克总统像个普通市民那样在码头上散步。我清晰地看到了他的胡须、夹鼻眼镜、交叉在背后的双臂,还有他敞开的冬衣。

卡夫卡笑了。

"您的梦很符合马萨里克的个性。像这种国家元首的非正式会晤可能并不难实现。马萨里克就是这样个性强烈的名流,他几乎不需要外在的权力象征。他不教条,因此特别有人情味。"

我向卡夫卡描述了一场在卡罗林塔尔区举行的国家民主党会议,会议的主要发言人是财政部长 A. 拉辛博士。

"他是个经验丰富的竞技场斗士,"卡夫卡说,"与德国人作战是他的阅兵表演。比起无权无势的捷克百姓,他与令人憎恶的德国掌权者更接近,他是后者的代言人。"

"为什么?"

"峰顶互相遥望。躲在它们阴影之下的洼地与小山谷虽然平时生活在同一水平线,但对彼此却一无所知。"

1922年，英国人逮捕了印度国会的领头人圣雄甘地。弗朗茨·卡夫卡说："现在局势明朗了，甘地的运动必将获胜。甘地的入狱只会为他的党派赢得更强劲的助力。因为，如果没有殉道者，每一场运动都会沦为利益共同体廉价的投机取巧。河流将变为小池塘，所有未来的思想都将沉没于此。因为，思想与世上所有具有超人价值的东西一样，只有通过个人的牺牲才能生存。"

*

我在卡夫卡的办公桌上发现了一张反对外交部长贝内什（Beneš）的传单"净化"。

弗朗茨·卡夫卡说："贝内什博士因富裕而遭到指控。这太可悲了。贝内什博士非常能干。基于他的个性与社会关系，他无论如何都会积累大笔财富。他可以卖袜子，也可以卖废纸。贩卖的对象根本不重要。他是商界的大人物。这对他来说至关重要，对其他人来说也是如此。所以，这些辱骂虽然在风格上无可指摘，在政治上却是非常不合适的。他们把矛头指向贝内什，却没有瞄准他的行为。"

＊

1920年大选前,捷克社会民主党人在工人意外保险机构内散发了一本小小的宣传手册,里面印着该党最高候选人的生平与照片。

我在卡夫卡博士处翻阅了这本小册子后问:"博士先生,您不觉得奇怪吗,怎么所有候选人都长着一副贪婪的市侩嘴脸?"

"不觉得,"卡夫卡冷漠地回答道,一边把宣传册扫入废纸篓,"毕竟他们都是阶级斗争的胜利者。"

＊

工人意外保险机构正在进行组织上的调整。我父亲负责相关的文献纪要。吃午饭的时候,他在报纸的白边上做笔记,到了晚上,他把自己锁在饭厅里。

当我把这件事告诉卡夫卡时,他笑了。

"您父亲是个可爱的老小孩,"他说,"所有相信改革的人都是这样。他们看不见,只有世界中的某物消亡,某物诞生时,世间的景象才会发生变化。某物沉落,某物升起,改变了万花筒中玻璃碎片的组合。只有很小的孩子才会觉得是他们改造了这个玩具。"

*

我父亲很慎重地谈起了弗朗茨·卡夫卡。从他的表达方式中可以看出，他虽然在观察卡夫卡，却一直有种无法理解卡夫卡的感觉。

而弗朗茨·卡夫卡不但尊重我父亲，还非常理解他。

"你父亲的多才多艺总让我惊喜，"有一次他这么对我说，"事物对他来说如此真实。一切都与他那么亲密，那么熟悉。他一定是个虔信的人，否则他不可能与世界上看起来最简单的东西如此亲近。"

我告诉他，父亲将空闲时间都奉献给了木工及钳工活。我以幽默夸张的方式描述了他的热情及他对手工活的雄心。

可弗朗茨·卡夫卡不喜欢我描述的方式。

他皱起眉头，努起下唇，严肃地看着我说："您别笑了！不要假装您看不见美。您是在掩饰您的骄傲，因为您以您父亲为荣。这一点也没错。他的生产力令人感动，是因为他一点都不虚荣，可这个事实让您感到非常拘束。您微笑，是因为您对不能与您的父亲一起做木工与钳工活感到遗憾。

您的笑容,那都是没有落下的眼泪。"

*

"我读了威尔弗尔的剧本《镜中人》。"我说。

"我很久之前就知道这部作品了,"卡夫卡说,"威尔弗尔给我们朗读过其中的两段。语言听起来很美,可坦白说,我不是很理解它的内涵。威尔弗尔是一件厚壁容器,外部不同的机械振动比令内容物发酵更容易令它发出声响。"

"他真的在写一部篇幅巨大的音乐小说吗?"我问。

卡夫卡点点头。

"他已经动笔好久了。这将是一部关于威尔第与瓦格纳的小说。他来布拉格时一定会给我们朗诵的。"

"您说这话的时候脸上的表情那么阴沉,"我问,"您不喜欢威尔弗尔吗?"

"怎么会!我甚至非常喜欢他。"卡夫卡热切地说,"高中时我就认识他了。马克斯·布罗德、菲利克斯·维尔奇、威尔弗尔与我经常一起去郊游。他年纪最小,或许因为这样,他也是最诚挚的。他青春洋溢。他给我们朗读他的诗。我们躺在草地上,在阳光下眯着眼睛。这是一段多么美好的时光,单单是为了回忆,我都会像喜爱当时其他的伙伴那样喜爱威尔弗尔。"

"可您看起来很悲伤。"我说。

卡夫卡微笑着,仿佛是在表示歉意。

"美丽的回忆混入哀伤后味道更好。所以我其实一点都不悲伤,只是贪图享受。"

"这就是弗朗茨·布莱笔下的苦根。"

我们都笑了。可转眼笑声就凝固了。

卡夫卡的脸色又严肃起来。

"事实绝非如此,"他说,"当我想到,我对自己最好朋友的挚爱和对音乐一窍不通的时候,我总有种轻微的、苦乐参半的忧伤。它只是一阵清风,一缕死亡的气息,转眼便烟消云散。可这让我意识到,即使最亲近的人也离我无限遥远。所以我的脸上会出现那样可怕的表情,请您千万原谅我。"

"我能原谅您什么?您什么都没有对我做。倒是我,应该因刨根问底而向您道歉。"

卡夫卡笑了。

"最简单的解决方法就是把责任推给您。我要贿赂您。"

卡夫卡打开办公桌的抽屉,递给我一本岛出版社出版的彩色小书。

"《沙漠之父与僧侣对谈录》。"我大声念出书名。

"书很吸引人,"卡夫卡说,"我读得十分开心。僧侣在沙漠中，而沙漠不在僧侣心中。这就是音乐！您不用把这本书还给我了。"

*

弗朗茨·卡夫卡能迅速地用三言两语阐明有争议的事情，而且他从不费心思表现聪明才智，更不会摆出风趣幽默的样子。无论说什么，他口中说出的语言都很简单、自然、清晰易懂。这并不是通过特定的词语组合、面部表情，或声音语气体现的，对听众产生影响的是卡夫卡的整体人格。他是如此平静宁和，可他的眼睛又如此活泼闪亮，每当我在对话中提及音乐或他的文学作品时，他便开始眨眼，满是无可奈何的尴尬。

"音乐对我来说就像大海，"他曾这么说，"我无比兴奋，陶醉万分，备受鼓舞，可我又满怀恐惧，害怕大海的无限。我只是个糟糕的水手。马克斯·布罗德就不一样。他一头扎入汹涌澎湃的潮水。他是个能得奖的游泳健将。"

"马克斯·布罗德爱好音乐？"

"很少有人能像他那样懂音乐。至少维特斯拉夫·诺瓦克（Vítězslav Novák）是这么说的。"

"您认识诺瓦克？"

卡夫卡点点头。

"稍有来往。诺瓦克和其他捷克作曲家、音乐家一直与马克斯有来往。他们都很喜欢马克斯,马克斯也很喜欢他们。他力所能及地帮助每一个人,这就是马克斯。"

"那么,马克斯·布罗德博士的捷克语说得很好?"

"极为出色。我很羡慕他这点。您看——"

卡夫卡打开了办公桌侧面的一个抽屉。

"我这儿有整整两年的《我们的语言》[1]杂志。我勤奋地阅读、钻研它们。可惜,我至今还是没能收集齐所有的杂志。我真的很想拥有一整套。语言是家乡厚重的呼吸,我却是个严重的哮喘病人,因为我既不会说捷克语,也不会说希伯来语。两者我都在学习。但这仿佛在追逐一个梦。人怎么能从外部找寻本应生长在内部的东西呢?"

卡夫卡关上抽屉。

"我出生在犹太区的卡普芬街,那儿离我的家乡无限遥远!"

他的眼神深深打动了我,于是我说:"我出生于南斯拉维亚。"

卡夫卡却缓缓摇了摇头。

---

1 一本研究捷克语的杂志。

"从犹太区到泰因教堂的路要远得多。我来自另一个世界。"

*

一天下午——具体日期我记不清了——我们从老城环形路穿过巴黎街，一直游荡到伏尔塔瓦河边。卡夫卡突然在老犹太教堂前停下脚步，完全不顾先前的对话，说："您看见犹太教堂了吗？周围所有的建筑都比它高。在此处矗立的所有现代建筑中间，它只是古老的斑晶、外来的异体。所有犹太人亦是如此。这就是敌对的紧张关系出现的原因，它一次又一次演变为充满攻击性的挑衅行为。在我看来，犹太隔离区起初是一种明显的缓和手段。犹太人周边的环境想将未知的东西排除在外，借助隔离区的墙缓解冲突。"

我打断道："这当然是胡说八道。隔离区的墙只能让陌生感倍增。墙虽然推倒了，反犹主义却一直存在。"

"墙已经搬入了人心，"卡夫卡博士说，"犹太教堂的高度已经低于街区的平均水准，可他们还在继续。他们要通过扑杀犹太人来让犹太教堂自生自灭。"

"不，我不相信，"我高喊，"谁能做出这种事情？"

卡夫卡博士把脸转向我。他眉头深锁，眼中暗淡无光。

"捷克人不是反犹主义者，"我说，"他们永远不会受人唆使而大肆屠杀。他们不是吸食傲慢意识形态的瘾君子。"

"话是没错，"卡夫卡再次迈开脚步，平静地说，"捷克人本身也只是强者生存空间中的一块小小斑晶。早已有人三番五次地想要扼死它的灵魂。这门语言与这个民族早该消失。可人无法用暴力消除任何从地球尘埃中创造出来的东西。世界万物原始的种子永远不会消失。尘埃是永恒的。"

从卡夫卡紧闭的双唇后传来一声无法言明的声音。不知是短促的咕哝还是愉悦的笑声。我探究地看看他的脸。可他开始与我聊起我的邮票收藏。

*

在另一个场合，我们聊起了捍卫捷克语纯洁性的人。他说："捷克语最大的困难是如何正确区分它与其他语言。这门语言历史不长，人们必须小心翼翼地呵护它。"

*

卡夫卡曾说："音乐产生了全新的、更精致、更复杂，因而也更危险的刺激。诗歌的目的则是清除刺激引发的混乱，将其升华、提纯到意识中去，从而使之人性化。音乐是感性生活的复制，文学则驯服它，将其提升至更高的层次。"

*

我费力地向卡夫卡解释我刚读完的一本剧本的主旨。
"那个剧本里就是这么说的？"卡夫卡问。
"不是的，"我说，"作者写作时用的是形象的语言。"
他短促地点了点头："这样才对。只用言说还不足够，作者要使事物获得生命。此时，语言是一种重要的中介，是活化剂，是媒介。但是，人不能将它看作一种手段，而是必须体验它、承受它。语言是永远的情人。"

*

提起一本表现主义诗人的作品集[1]，他说："这本书让我难过。诗人们向人们伸出手，可人们看见的并非友好的手，只能看到紧紧攥着的，对准了他们的眼睛与心脏的拳头。"

---

1 即《人类的薄暮》。

＊

我与卡夫卡谈论柏拉图的《法律篇》。我读的是欧根·迪德里希出版社的版本。

我对柏拉图将诗人排除在他的国家共同体之外持保留意见。

卡夫卡说:"这很好理解。诗人尝试以不同的目光审视人们,并以此改变现实。所以,他们其实都是国家中不安定的因素,因为他们想改变,而国家与其所有恭顺的仆人只想维持现状。"

＊

有一次走过护城河的时候,我们在纽格鲍尔书店的橱窗中看到一张小小的、黑白相间的邀请函,邀请众人去听神智学者鲁道夫·斯坦纳(Rudolf Steiner)的讲座。

卡夫卡问我是否认识他。

"不,"我说,"但我听过他的名字。我父亲觉得他是个密教教宗,给有钱人发明了一种满意的宗教替代品。"

卡夫卡博士沉默不语,看上去像在思考我说的话。因为后来我们转入赫伦街时,他对我说:"'宗教替代品'这个词非常可怕。我不是想说这种东西不存在。相反，宗教替代品层出不穷，而且每一种都是奇特的妄想与迷信。"

"您如何分辨正当与妄想？"

"通过实践。神话只有经过日常运用才能变得真实有效，否则它只能是令人困惑的幻想游戏。因此，每一出神话都附有一种仪式的使用说明。宗教实践固然已被简化，但它丝毫不容易。它需要牺牲。人必须首先放弃部分生活中的舒适。这不适合那些，如人们所说，过得好的人。所以，他们才会寻找轻松的替代品。您的父亲说得对。但是，它真的能够成为一种真理基础的替代品吗？"

"不可能！"我附和道，"这是偏离正道！"

"显而易见！就像空气之于身体，真理之于灵魂当然也是不可替代的。"他微笑着继续说，"创造中不存在分工。它总是同时取决于整体与个体。划分出专门的领域是人类的发明，人在整体的海洋前畏畏缩缩，在昨天、今天与明天前驻足不前。神智学这种对于意义的热爱无非是对整体性的渴望。人们在寻找出路。"

"斯坦纳找到这条路了？他是先知还是神棍？"我问。

卡夫卡回答道："我不知道。我对他不太熟悉，他是个能说会道的人。但这通常也是骗子的工具。我并非在暗示斯坦纳是个骗子，但这不是毫无可能。骗子总想用廉价的方式解决难题。斯坦纳面对的问题是最困难的，那是意识与存在之间的黑暗罅隙，是有限的水滴与无垠的大海之间的张力。我相信，只有歌德对此的态度是正确的：安静地敬畏不熟悉的事物，有序地吸收一切可认识的事物。最大与最小的东西一定相去不远，一样富有价值。"

"斯坦纳也是这么认为的吗？"

卡夫卡耸了耸肩，说："我不知道。但这或许不是他的错，而是我的错。斯坦纳离我太遥远。我无法接近他。我总是作茧自缚。"

"您是只蝶蛹！"我笑道。

"是的，"卡夫卡严肃地点点头，"我被包在一层铁般坚硬的丝网茧壳中，不抱一丝蝴蝶破茧而出的希望。但这也只是我的错，或者说，是周而复始的绝望的罪过。"

"那您写的那些东西呢？"

"那只是实验，是掷往风中的碎纸片。"

我们走到邮局总部对面的拐角处。

卡夫卡向我伸出手："不好意思，我和布罗德有约！"他大步流星地穿过了机动车道。

*

我陪卡夫卡从办公室回家。

在老城环形路他父母的房门前,我们意外地遇到了菲利克斯·维尔奇与马克斯·布罗德夫妇。大家简短地聊了几句,并约好晚上一起去拜访奥斯卡·鲍姆。

卡夫卡的朋友们离开后,他突然想起我是第一次见到布罗德的妻子。

"我也没有好好介绍您,"他说,"我真的很抱歉。"

"没关系,"我说,"我至少看清了她的长相。"

"您喜欢她吗?"卡夫卡问。

"她有双童话般美丽的蓝眼睛。"我说。卡夫卡很吃惊。

"您一下子就注意到了?"

"我专门研究眼睛。它们告诉我的东西比语言还多。"

可卡夫卡没有听见。他严肃地望着我身后。

他说:"我所有的朋友都拥有美丽的眼睛。在我生活的昏暗地牢中,他们眼中的光芒是唯一的亮光。可那也只是一种人造光。"

他笑了,与我握手后走进房门。

＊

关于困扰他的失眠,他曾经这么说过:"或许在这失眠背后隐藏的只是对死亡的无上恐惧。或许我害怕,灵魂令我入睡后不再归返。或许失眠只是对罪孽过分警觉,畏惧立刻遭到审判。或许失眠本身就是一种罪过。或许失眠是对自然之物的反叛。"

我说,失眠是一种疾病。

卡夫卡回答:"罪恶是所有疾病的根源。这是死亡的原因。"

＊

我与卡夫卡一起在护城河展览馆观摩了一场法国画家的画展。毕加索的画也参展了:《立体主义静物画》,以及《赤足女人》。

"他是个肆无忌惮的变形者。"我说。

"我不这么认为,"卡夫卡说,"他只是记录了尚未进入我们意识的畸形。艺术是一面镜子,有时会像时钟那样先走一步。"

＊

1921年春，布拉格引进了两台前不久在国外发明的自动照相机。我记得，它能在一张相纸上记录下拍照者的十六种，或更多不同的面部表情。

我带着一张这样的相纸去拜访卡夫卡博士，心情愉悦地对他说："只要花几个克朗，就可以从各个角度拍出不同的照片。这台机器就是机械化的'认识你自己'。"

"您是想说'错认你自己'吧！"卡夫卡脸上露出一丝笑意。

我反对道："为什么？照片又不会说谎！"

卡夫卡歪了歪头，说："是谁告诉您的？摄影将人的目光固定在表面。它通常会令浮光掠影般在事物表面透出微光的隐藏特征变得模糊不清。仅靠最敏锐的镜头捕捉不到这种特征，人必须亲自用感觉去摸索。难道您相信，所有消逝的时代中数不清的作家、艺术家、学者，以及其他魔术师满怀急迫的渴求与希望，所面对的一再退却、深不可测的现实，现在只需通过按下廉价机器上的一个按钮，便可以顺利出现在我们面前？我表示怀疑。这台自动照相机不是多重的人眼，而是简化得无以复加的苍蝇复眼。"

我带了几张结构主义的摄影作品。

卡夫卡说:"这一切都只是梦想,梦想一个非凡的美国,一个拥有无限可能的神奇国度。这不难理解,因为欧洲正日益成为一片限制重重的土地。"

*

我们观看格奥尔格·格罗斯(George Grosz)的政治画册。

"这真是种憎恨。"我说。

弗朗茨·卡夫卡意味深长地笑了。

过了一会儿,他说:"失望的青年人,这是由无力去爱产生的恨。表达的力量源自特定的弱点,这些画作中的绝望与暴力正来源于此。另外,我还在某本年鉴中读到过格罗斯的诗。"

卡夫卡指着画册说:"这是画下来的文学。"

*

面对词语有限的字面意义，卡夫卡有时表现得言辞激烈，让人想起狂热的塔木德教旨主义者的固执己见。对他而言，词语并非表达事实的语音符号，它本身就是自洽的、不可辩驳的真理。

"词汇必须拥有明确固定的含义，"他曾对我说，"否则，我们可能会坠入意外的深渊。我们无法登上平整的阶梯，反而会在不成形的沙子与泥淖中沉沦。"

所以，最让卡夫卡博士恼火的就是不准确、模棱两可又不负责任的胡言乱语。每逢此时，他的声音便会变得尖锐且坚硬，这对他来说实属罕见。引发这种情况的通常都是一个极为寻常的、无关紧要的词，或在别人眼里看起来完全不值一提的事件。

有一次，我刚走进他办公室，便看见他心烦意乱地盯着桌上的一本棕色封面的大书。听见我的问候，他只短促地点了点头，然后立刻抱怨道："您看看他们在我桌子上放了什么东西！"

我往桌子上看了一眼，说："一本书。"

卡夫卡的神色变得很不耐烦："没错，一本书！可实际上，这几乎只是个空洞无物的仿品。这是一本人造革[1]封面的册子,可它既没有一点艺术气息,又与皮革毫无关系。都是纸而已。至于里面,您来看看!"

他把书打开。

我只看见了黄灰色的办公用纸。

"里面什么都没有!一无所有!"卡夫卡情绪激动地说。

"这算是在向我暗示什么?这本完全不像书的书到底是什么意思?我只在隔壁办公室待了几分钟。我回来后,这东西就放在我桌子上了。"

"或许,"我小心翼翼地说,"这东西根本就不是送来给您的。据我所知,档案室的勤杂工赛德尔负责装订书籍。给他打个电话。可能是他把书送来给谁的。"

卡夫卡听从了我的建议。一通电话后他才得知,原来是赛德尔把人造革册子放在特雷默尔博士桌子上的。卡夫卡的这位同事有时会让人制作空白的手册,用以记录私人事务。

这让卡夫卡博士冷静了下来。他叉开十指,两手撑在办公桌上,出神地望着我放到特雷默尔博士桌子上的人造革册子好一会儿。然后,他慢慢地把脸转向我,像个幼小而害羞的学生般笑了起来。他用因内心的抵触而压低的声音

---

1 人造革一词由艺术(Kunst)与皮革(Leder)组成。

道："我的行为在您眼里或许有些别扭。可我也是情不自禁，我害怕一切假象。'似乎'永远是种邪恶的绞索，您走到何处都能发现它。没有比颠倒一切活动的表象更令人厌烦的东西。"

*

我不知道旧奥匈帝国时期的电影业是如何安排的，在捷克斯洛伐克第一共和国，必须拥有电影放映许可证才能开办影院。不过基本上来说，许可证不会颁发给自然人，只会授予"爱国法人"，比如消防队员、体操运动员以及"其他公益法人"。然后，他们通常会以固定金额或净利润分成的方式把许可证租给资本雄厚的公司。

因此，在捷克斯洛伐克第一共和国，电影放映许可证相当于有价证券，其价格与收益率年年攀升。经历过第一次世界大战时的物资匮乏，各阶层民众对娱乐的需求水涨船高。自然，许可证的持有人也因此从租赁人手中获得了一大笔钱。这极度助长了各机构负责人的虚荣心，他们甚至坚持要将他们公益机构或爱国机构的名字永远刻在租借他们许可证的电影院的招牌上。

于是，无论在共和国的哪个角落，捷克猎鹰体操集团名下所有的影院都叫作猎鹰电影院。捷克军团协会将许可证借给了工人意外保险机构旁边的电影院，为了纪念军团在俄国的行动，他们将电影院命名为西伯利亚。社会民主党所属的电影院名叫"人电"，实际上是人民电影院的缩写。

然而，除了这些易于理解的名字之外，第一共和国有些电影院的名字非常特别。比如某个重要工业中心内最大的电影院取名叫"卫生"，因为它的许可证归红十字会所有。这是很多人都不知道的。相反，大家都知道有个生产疝带的品牌也叫"卫生"，所以，这家红十字会的电影院经常被人戏称为急救电影院或是绷带电影院。

全世界电影名称领域最荒唐的莫过于布拉格齐日科夫区一家小型电影院入口处的标牌名了。上面写着盲人电影院，因为电影院的许可证属于盲人资助协会。

我与卡夫卡博士说起电影院的事。他先是瞪大了双眼，然后发出一阵我从未听过的开怀大笑，后来我再也没听过这样的笑声。

然后，他说："盲人电影院！其实所有电影院都应该叫这个名字。闪动的图像只会让人对现实视而不见。您怎么发现这个盲人电影院的？"

"我在那儿工作。"我把一切向他娓娓道来。

盲人电影院位于齐日科夫区的一间旧仓库内。一位从美国回来的捷克移民买下了仓库，并将其改造成一家相当简陋的电影院。所以周围的居民显然看不上它，只把它称作谷仓电影院。这家电影院无法成为隆重剧院的替代品，只是一个荒凉而异常潦倒的文化食槽。周边地区的观众总是不穿衬衣，踩着拖鞋前来，而且动不动就以极其粗鄙的言辞对正在放映的影片冷嘲热讽。

头上戴着圆顶礼帽的电影院老板每次放映都站在乐池旁边。他通常都把这种冷嘲热讽当成是对他的人身侮辱，每每听到都咆哮如雷。

如果黑暗的影厅里还有人反唇相讥，他就会带着两名身材魁梧的引座员冲进昏暗的观众席，抓住其中一个出言不逊的家伙拖到门口，通常他还会大声吼道："出去！我们这儿不是路边餐馆，而是影剧院。您的胡扯侮辱了这里所有受过教育、安静地坐在座位上的人。所以您必须离开。我说得对吗？"

这个问题是对其他观众提出的，大家立刻像古代齐诵队般大声响应道："没错！出去！打他一巴掌！安静！继续放映！"

肆无忌惮的喧哗者在音乐伴奏下被轰出了放映厅，因为在整个喧闹的过程中，电影院的小乐队一直在安静地继续演奏。经明文规定，每一个乐手都必须严守岗位。因此，无论是在发生言语冲突时,还是在驱逐喧哗者时,继续演奏都属于事先约定好的工作条件之一。顺便提一句,这里的工作条件并不好。

工作日的时候,盲人电影院只放夜场,只有在周日与节假日的时候,影院才播放三场电影。所以,乐手无法在这儿获得体面的收入,因为他们的报酬是根据演出的场次来计算的。所以,在盲人电影院里演奏的都不是职业的音乐家,而是从事其他职业的业余乐师,他们只把这种演奏当作轻松的兼职。其中有我从前的同学奥尔达·S.,他白天在文策尔广场附近的一家小药店里站柜台,晚上则在齐日科夫区的盲人电影院里以第二小提琴手的身份演奏进行曲、轻歌剧乐曲、间奏曲、歌剧集锦及华尔兹等乐曲。

后来有一次,我不记得是什么时候了,乐队的风琴手,一个年迈爱喝酒的退休教师在盲人电影院排练时突然中风,从椅子上跌落。小乐队一下子没了能代替风琴手的木管乐器演奏者。奥尔达叫我过来救场。因为我具备必要的演奏技巧,负责人立即与我签订了合同,于是我在盲人电影院里代风琴手的班,气喘吁吁地演奏了一段时间的木管乐器。

每次演出后得到的20克朗对我来说是一笔巨款。我用第一周的周薪让人将卡夫卡的三部短篇小说,《变形记》《审判》及《司炉》装订成书,包上深褐色的皮革封面。装订师还在封面上画了一丛燃烧的荆棘，并用金漆精巧地烫上了弗朗茨·卡夫卡的名字。

我与卡夫卡博士讲述盲人电影院的故事时，书就装在我膝盖上的公文包里。此时，我从包中掏出这本皮面装订的书，十分骄傲地从桌子上递给卡夫卡。

"这是什么？"他惊讶地问。

"我第一个星期的工资。"

"这不可惜吗？"

卡夫卡的眼睑震颤着，他的嘴也歪了。他盯着烫金的名字看了几秒钟，草草翻了几页书，就把它放到我面前的办公桌上。他显然生气了。

我正想问这本书有什么让他不满意的地方，他的咳嗽发作了。

他从外套中掏出一块手帕掩住嘴，症状缓解后又放回口袋。他起身走到背后的小洗脸台前洗了洗手，然后一边擦干手，一边说："您太高估我了。您的信任令我备感沉重。"

他坐回桌前，双手按着太阳穴道："我不是燃烧的荆棘丛。我不是火焰。"

我打断道："您不能这么说。这不公平。对我来说，您就是火焰，是温暖，是光芒。"

"不，不！"他摇头道，"您弄错了。我瞎写的东西不值得被装订上皮封面。这只是我极其私人的魑魅魍魉，根本就不该被印刷出来。它应该被烧掉，被销毁。它毫无意义。"

我变得非常激动。"谁告诉您的？"我反驳道，"您怎么能说这样的话？您难道能预见未来？您刚与我说的都只是您的主观感受。也许您口中的涂鸦明天就会成为世间最有意义的声音。今天谁又说得准？"

我深吸了一口气。

卡夫卡盯着桌面，嘴角挂着两道短而深的阴影。

我因自己情绪过分激烈而感到羞赧，于是我用平静的语气轻声解释道："还记得您在毕加索画展上对我说的话吗？"

卡夫卡不解地看着我。

我继续说道："那时您说，艺术是一面镜子，它就像调错的时钟般先行一步。或许您写的东西在如今的盲人电影院中也只是一面未来的镜子。"

"请您别说了。"卡夫卡痛苦地说道，一边用手捂住了双眼。

我赶忙道歉："请您原谅。我不想让您生气。我真是太笨了。"

"不，不，您一点也不笨！"他的手没有从脸上移开，整个上半身来回晃动着，"您说得没错，您说得一点都不错。这大概就是我一事无成的原因。真理令我畏缩不前。可我又该怎么办?"他把手从脸上扯开,握紧拳头放在桌面上,身体前倾,压低声音道,"人在不知所措的时候只能沉默。谁都不想因为自己的绝望而加重患者的病情。因此,我全部的涂鸦都该被销毁。我不是光。我只是在自己的荆棘中迷失了方向。我是一条死胡同。"

卡夫卡靠到椅背上。他的手无力地从桌上滑落。他闭上眼睛。

"我不相信,"我先是信誓旦旦,却又立刻换了劝慰的口气道,"就算真的是这样,给人看到死胡同也是值得的。肯定也有别的人和您走同一条路。"

卡夫卡只是缓缓地摇了摇头:"不,不……我很虚弱,很累。"

"您应该放弃这里的工作。"为了缓解我与他之间紧张的气氛,我轻声道。

卡夫卡点了点头。

"我确实该这么做。我本想躲在办公室的写字台后面,可它却让我更加虚弱。它成了——"卡夫卡用一种难以形容的痛苦笑容望着我,"一座盲人电影院。"

然后他又闭上了眼睛。

此刻我身后传来了敲门声,这让我很高兴。

＊

我在纽格鲍尔书店买了几本新书,带去给卡夫卡看。

在翻阅格奥尔格·格罗斯的画册时,他说:"这是资本陈旧的观点,戴礼帽的胖男人坐在穷人的钱上。"

"这只是个比喻。"我说。

弗朗茨·卡夫卡皱起眉头。

"您说'只'!比喻成了人们心目中的现实写照,这当然是错误的。然而谬误已经在这儿了。"

"博士先生,您的意思是说,这幅画是错误的?"

"我并不是这个意思。它既是正确的,也是错误的。它只有从某一个角度来说是正确的。它以偏概全,则是错误的。戴礼帽的胖男人坐在穷人的背上,这没错。但胖男人代表资本主义,这就不太正确了。胖男人在特定体系的框架下支配穷人,但他不是制度本身,他甚至无法主宰自己。相反,胖男人也戴着图上没有画出来的镣铐。这幅图并不完整。因此它并不是一幅好画。资本主义是一个由内到外、由外到内,由上到下、由下到上的依附体系。一切都具有依附性,一切都受约束。资本主义是一种世界与灵魂的状态。"

"若是您会怎么画?"

卡夫卡耸了耸肩,悲伤地笑了。

"我不知道。我们犹太人不是画家。我们无法静止地绘画。我们看到的东西永远在流动、移动与变化。我们是叙述者。"

一个职员走了进来,打断了我们的对话。

等打扰我们的访客离开后,我还想继续聊刚才那个有趣的话题。可卡夫卡说:"不谈这个了。叙说者无法谈论叙述,他只能叙述或沉默,如此而已。他的世界开始在内心响起,或在缄默中沉沦。我的世界在消失。我已燃烧殆尽。"

*

我的朋友弗拉基米尔·西克拉为我画了一幅画像,我带去给卡夫卡看。

卡夫卡看到画后情绪高昂。

"画得太棒了。太真实了。"他连说了好几遍。

"您是说它与照片一样逼真吗?"

"您在说什么?最具欺骗性的就是照片。真实是心之事件,而只有艺术才能抵达内心。"

＊

"真实的现实总是非现实的,"弗朗茨·卡夫卡说,"您看看中国彩色木刻版画的明晰、纯净与真切。能这样表达,太了不起了!"

＊

卡夫卡博士不仅欣赏中国古代绘画与木刻版画艺术,他还钟情于中国古代哲学及宗教书籍中的谚语、寓言与言简意赅的故事。这些书都是由德国汉学家卫礼贤(Richard Wilhelm-Tsingtau)翻译的。

这是有一次,我带着老子《道德经》的首个捷克语译本到工人意外保险机构时发现的。卡夫卡饶有兴趣地翻了翻那本用劣质纸张打印的小册子,然后把它放到桌子上。他说:"我深入研究道家学说已经很久了,只要经过翻译的作品我都已阅读过。该方向的全部德语译本我几乎全都有,都是由耶拿的迪德里希出版社所出版。"

为了证明这一点,他打开办公桌侧面的一个抽屉,从中拿出五本饰有精美黑色图案的黄色亚麻布面精装书,放在我面前的桌沿上。

我一本本拿起这些书：孔子的《论语》《中庸》，老子的《道德经》，列子的《冲虚真经》及庄子的《南华经》。

"这可是一笔宝贵的财富。"我把书放回桌面时说。

"是啊，"卡夫卡博士点点头，"德国人行事周密。他们把所有东西都建成博物馆。这五本只是全集中的一半。"

"剩下的您还没拿到？"

"不，我有这些就已经足够。这片海很容易令人沉沦。在孔子的《论语》中，人们还站在坚实的土地上，可后来，书里的东西越来越隐没于黑暗，老子的谚语是坚硬的坚果，令我着迷不已。可它们的核心依然对我紧锁。我读了好多遍。可后来我发现，我像个追逐五颜六色玻璃珠的小男孩那样，被这些谚语从一个思想角落带到另一个思想角落，却没有取得任何进步。通过这些谚语玻璃珠，我发现我的思维浅薄至极，无法吸收老子的玻璃珠。这让我备感压抑，所以我不再与这些玻璃珠游戏。这些书中，只有《南华经》我算是读懂了大概。"

卡夫卡把署着庄子名字的书拿在手中翻阅了片刻，然后说："我在某些段落下面做了标记。比如这里：'不以生生死，不以死死生。死生有待邪？皆有所一体。'我认为，这是所有宗教与人生智慧的基本问题与首要问题。把握事物与时间之间的关系，了解自己，透彻地理解自己的形成与消逝。再往下面几行，后面有一整段话我都做了标记。"

他把打开的书递给我，在第167页上，四道有力的铅笔笔迹框住了一段话："古之人，外化而内不化，今之人，内化而外不化。与物化者，一不化者也。安化安不化，安与之相靡，必与之莫多。狶韦氏之囿，黄帝之圃，有虞氏之宫，汤武之室。君子之人，若儒墨者师，故以是非相齑也，而况今之人乎！圣人处物不伤物。"

我把打开的书还给卡夫卡博士，疑惑地看着他，等待着他的解释。但他一言不发地合上书，把它与其他几本黄色亚麻布面的精装书一起放回抽屉中。此时我只好小声地说："我没有看懂。说实话，刚刚那段话对我来说太艰深了。"

卡夫卡愣住了。他侧着头看了我几眼，然后缓缓地说："这很正常。真理永远是一道深渊。就好像在游泳学校那样，人要敢于从日常经验摇晃而狭隘的跳板上跳下来，沉入底部，然后再次浮现在比先前光明数倍的事物表面，笑着换气。"

卡夫卡博士像个夏日避暑客般展露出笑颜。要不是我父亲来接我，要我去办些事，卡夫卡一定会把书中框起来那部分的内容解释给我听。所以，我只能希望卡夫卡博士以后还会再次回到中国古代哲人的话题。

为了加强自己对这种可能性抱有的信念，我把庄子这本当时对我来说格外昂贵的书买了下来,并用铅笔画出了卡夫卡当时画线强调的那段话。好几个星期以来,我都把这本书放在公文包里,为的是在可能发生对话的时候立刻将它拿出来。唯独这件事始终没有发生。卡夫卡博士再也没有提到《南华经》。于是我只能把这本我花了很大代价才买来的书放进了书柜,它很快就被挖掘新书的魔力淹没了。

尽管卡夫卡对此只字不提,但看起来他仍在研读道教文学。卡夫卡送我的两本小书,由克拉邦德(Klabund)翻译的《老子格言》与由 F. 费德勒(F. Fiedler)翻译的《道德经》就是明证,我至今仍保存着它们。当我问起费德勒译本的出版人古斯塔夫·维内肯(Gustav Wyneken)时,他不知所措地耸了耸肩。

然后,他说:"他是德国候鸟协会的创始人及主要发言人。古斯塔夫·维内肯与他的朋友想要逃离这个机械世界的侵袭,他们求助于自然与人类的思想财富。如您所见,他们没有耐心阅读自身存在与责任的原文,反而在古汉语转译成的现实中费力拼读。对他们来说,前天似乎远比今天更易于理解。可是,在自己生活的某一时刻理解真理,比在任何时刻、任何场合都容易得多。只有在此处,人才能赢得或失去真理。它隐藏的只是显而易见的东西,只是表面。必须将它们打破,一切就清晰了。"

卡夫卡笑了，我却皱起眉头问道："可我们该怎么做？我们该采取什么行动？有没有什么可靠的引导？"

"不，不存在这种东西。"卡夫卡摇摇头，回答道，"通往真理的路上没有时刻表。只有耐心奉献的冒险精神才有效。良方妙策都是退缩，是怀疑，因而也是歧路的开端。人必须耐心无畏地接受一切。人的命运是生，而不是死。"

当他在原本严肃的句子中随意地抛出几个捷克语及德语单词时，他的脸上泛起了迷人的、孩子般淘气的微笑："畏惧者不可进入森林。可我们都在森林中。每个人的森林都不同，所在的位置也不同。只有一点是相同的，那就是每个人的缺陷。大家都必须从缺陷出发。"

*

有一次，我与我的父亲谈论卡夫卡，他把卡夫卡形容成一个坚定不移的独行侠。他说："卡夫卡博士最想吃的是自己亲手揉搓、亲自用烤箱烤出来的面包，最想穿的是自己剪裁的衣服。他无法忍受成衣工厂做出来的衣服。他质疑现有的习语。惯例对他来说只是思想与语言的制服，宛如低贱的囚徒壕沟般被他弃如敝屣。卡夫卡博士也是个坚定不移的平民，是个无法与任何人分担存在重担的人。他独自前行。

他自觉自愿地选择孤独。这就是他格外好斗之处。"

几天后，卡夫卡博士的办公室里发生了一件小事，证实了我父亲的话。

着装整齐的军人从工人意外保险机构旁列队经过，旌旗飘扬，号声嘹亮。卡夫卡博士、我父亲与我站在敞开的窗前。我父亲拍摄了行进的队伍。他把镜头调整到各个角度，非常关心自己的摄影成果。

卡夫卡博士观察着他，静静地露出一个难以捉摸的微笑。

我父亲见状，说："我已经用掉六盒胶片了。我相信，在这十二张底片里或许会有几张像样的。"

"可惜这些原材料了，"卡夫卡博士回答，"这整个故事都很无聊。"

"为什么？"我父亲惊讶地问道。

"又不是什么新鲜事。"卡夫卡回答，然后他走到办公桌前，"实际上。所有军队只有一句座右铭：'前进！为了所有坐在我们身后的收银台与办公桌前面的人！'现代军队不以人类的真正理想为目标，早已偷偷地背叛了所有人性。"

我父亲吃惊不小，只好低头看着地板。等到卡夫卡博士在办公桌前坐下，他才重新组织起语言："博士先生，您是个叛逆者。"

"可惜的是，"卡夫卡说，"我参与的是最令人筋疲力尽，几乎最无望的起义。"

"抵抗谁？"

"我自己。"卡夫卡半闭着眼睛，把身子靠在扶手椅上，"抵抗我自己的局限性与惰性。根本来说，是抵抗这张办公桌和这把椅子。"

卡夫卡疲惫地微笑着。

我父亲想以表情回应，他费力挤出一个微笑，可他笑不出来。他的嘴角皱起两道细纹，眼睑微微颤抖。

卡夫卡一定看到了，他递给我父亲几份公文。为了打消我父亲的不快，他解释起了与公文有关的客观事实。他果然成功了。我父亲带着友好的微笑与我一起离开了办公室。可刚走到走廊上没几步，我父亲立刻就对我说："这下你看到了吧！"

"看到什么？"

"卡夫卡的本质！这就是他！"我父亲抱怨道，"他几句话就能把你说得哑口无言。他让你觉得自己像是个填满了废话泥沙的拉线木偶。他说得对，我们不能怪他。四处乱拍确实是胡闹。我最好还是把那些乱七八糟的底片都曝光、销毁。"

＊

我们一起观赏激进刊物《六月》上的油毡版画。

"我不理解这种表达形式。"我说。

"那您也无法理解内容。"弗朗茨·卡夫卡说,"形式不是为了表达内容,而只是它的驱动力,是通往内容的大门与通道。如果形式发挥了功效,那隐藏的背景也会展开。"

第一次世界大战后拍摄的头几部美国大片与查理·卓别林主演的滑稽短片在布拉格上映。如今的电影导演路德维希·文克利克(Ludwig Venclík)当时还是个年轻的影迷,他送了我一整包美国电影杂志和一些卓别林滑稽短片中的宣传照。

我把照片给卡夫卡博士看,他露出了友好的微笑。

"您认识卓别林?"我问。

"有所耳闻,我看过一两部他的滑稽电影。"

他非常严肃认真地端详着我放在他面前的照片,然后若有所思地说:"他是个精力充沛、醉心于工作的人。在他的眼里,绝望的炽焰因无法动摇的卑贱而升起滚滚浓烟,但他并不屈服。和所有真正的幽默演员一样,他有一副猎食者的利齿,他可以用它到外面的世界觅食,不过是以他独特的方式。虽然他的脸涂得苍白,眼圈涂得漆黑,但他不是一个多愁善感的丑角，也不是言辞辛辣的批评家。卓别林是技师。他是机器世界的人，在这个世界，他的大部分同胞已经不再具有真正适合他们生命的必要感情与思维工具。他们没有想象力。于是卓别林开始工作，他像牙科技师制作假牙那样制造虚假的幻想。这就是他的电影。一切电影都是如此。"

"送给我这些照片的熟人说，电影展览中心将放映卓别林滑稽影片全集。您想和我一起去吗？文克利克很乐意带我们一起去。"

"谢谢，不用了。我还是不去了。"卡夫卡摇了摇头，"休闲对我来说太过严肃。我可能很容易就变成一个卸了妆的小丑，傻站在那儿。"

*

弗朗茨·卡夫卡送了我几份《熔炉》杂志，里面有提奥多尔·哈克尔（Theodor Haecker）的文章，克尔凯郭尔作品的译文，以及卡尔·达拉戈对乔瓦尼·塞甘蒂尼（Giovanni Segantini）的论著。

这些读物唤起了我对南阿尔卑斯山地区画家的兴趣。所以，当我的朋友，青年演员弗朗茨·雷德勒（Franz

Lederer）送了我一本《塞甘蒂尼书信集》时，我格外高兴。

我把书给卡夫卡看，我还特别为他指出了一段我特别喜爱的话："艺术不是那种存在于我们之外的真理。那种真理没有也不可能具有艺术价值，它只是也只可能是对自然的盲目模仿，换而言之，是对物质自然简单的再现。然而，物质必须经过精神的加工才能升华为永恒的艺术。"

弗朗茨·卡夫卡从桌上把书递还给我，发了会儿呆。然后，他突然转身对我说："物质必须由精神加工，这是什么？这就是经历，无非是体验者的经历与反思。这才是至关重要的。"

*

每当我告诉弗朗茨·卡夫卡我看了电影的时候，他总是一脸惊讶。有一次，当他又露出讶异的神情时，我问："您不喜欢电影吗？"

卡夫卡思考了一会儿，说："其实我从来没想过这个问题。电影虽然是一种伟大的玩具，但是我无法忍受电影，或许我对'视觉'的要求太高。我是个'以眼为生'的人。电影会扰乱观看。迅速的动作、快速的场景变换迫使人不停忽视。目光无法掌控图像，反而被它侵占。图像在意识中泛滥。电影为迄今为止一丝不挂的双眼穿上了制服。"

"您这个说法真可怕。"我说,"捷克有句谚语,眼睛是心灵的窗户。"

"电影是铁制百叶窗。"

过了几天,我又提起了这个话题。"电影是种可怕的力量,"我说,"它比媒体强大多了。女售货员、制帽女工、女裁缝都长着芭芭拉·拉玛、玛丽·碧克馥与珀尔·怀特的脸。"

"当然了。对美的渴望让女人成为女演员。真实的生活不过是作家梦想的反照。现代作家的里拉琴弦其实是无尽的赛璐珞胶片。"

*

我们谈起一份布拉格报纸上的调查问卷,第一个问题是"有没有一种年轻的艺术?"

我说:"询问有没有年轻的艺术是不是有点古怪?只有艺术与刻奇之分,后者经常隐藏在各种主义与风尚的面具下。"

弗朗茨·卡夫卡说:"问题的重点不在于'艺术'这个关键词,而在于它旁边的形容词'年轻'。明显可以看出,人们严重怀疑艺术青年的存在。如今，连想象一个自由自在、无拘无束的青年都是困难重重。那些年可怕的洪水淹没了一切。连孩子也未能幸免。青春与不洁或许是相互抵触的。可今天人们的青春在哪儿？他们与不洁如此熟悉，如此亲近。人们熟知不洁的力量，却早已忘记了青春的力量。因此，他们才会怀疑青春本身。缺少了洋溢的青春，又能算是什么艺术呢？"

卡夫卡张开双臂，又瘫痪似的将它们垂在膝头。

"青春很脆弱。外界的压力又过于强大。既要捍卫自己，又要奉献自己，因此产生了令面容扭曲的痉挛。青年艺术家的语言隐藏的东西比揭示的多。"

我告诉他，我在莉迪亚·霍尔茨纳那儿见到的青年艺术家通常都已是四十岁上下。

弗朗茨·卡夫卡点了点头。

"没错。许多人现在才开始弥补他们的青春。他们刚刚从强盗游戏与印第安人游戏中毕业，他们当然没有拿着弓与箭在市立公园的小路上跑来跑去。不！他们坐在电影院里看冒险电影。仅此而已。昏暗的电影院是他们逝去青春的魔幻时刻。"

＊

谈论青年作家的时候，弗朗茨·卡夫卡说："我羡慕年轻人。"

我说："您也没有那么老。"

卡夫卡微笑道："我与犹太教一样老，我是永恒的犹太人。"

我从侧面看着他。

卡夫卡把胳膊搭在我肩上。

"瞧您大吃一惊的样子，这只是个可怜的玩笑。可我真的羡慕年轻人。人年纪越大，他的视野也就越宽广，生活的可能性却越变越小。最后只剩下只此一次的仰视与呼吸。在那个瞬间，人或许看透了自己的一生——这是第一次，也是最后一次。"

＊

我给卡夫卡博士带去了布拉格捷克语杂志《六月》的单行本，上面刊登着纪尧姆·阿波利奈尔（Guillaume Apollinaire）气势恢宏的长诗《区域》的译文。不过卡夫卡博士已经读过这首诗了。

他说:"这首诗的译文刚出,我就读了。我还读过法语原文。该诗摘自《醇酒集》。这本诗集与一本廉价的新版《福楼拜书信集》是我于战后购得的首批法语书。"

我问:"它给您留下了怎样的印象?"

"什么?您指的是阿波利奈尔的诗还是查佩克斯的译文?"

"两者都是!"我一边解释,一边立刻说出了我自己的观点,"我完全沉醉其中。"

"我可以想象。"卡夫卡说,"诗与译文都是出色的语言成就。"

这句话令我心情大好。我很高兴我的"发现"能得到卡夫卡博士的共鸣。于是我试着将我的喜悦进一步与他分享,并阐述了我喜悦的理由。我引用了诗作开头的几行,阿波利奈尔在诗中把埃菲尔铁塔比作领着一群咩咩叫的汽车的牧羊女,并与她攀谈;提到了布拉格犹太市政厅刻着希伯来语时标的钟;引用了布拉格城堡区圣维特主教座堂的文策尔圣堂中刻在镶着玛瑙与孔雀石墙上的铭文。我对阿波利奈尔作品的评价在这句话中达到了顶峰:"这首诗是一座横亘于埃菲尔铁塔与圣维特主教座堂之间的伟大抒情拱门,它跨越了我们时代五彩缤纷的表象世界。"

"是的,"卡夫卡点头道,"这首诗真是一件艺术品。阿波利奈尔将他的视觉体验凝聚成某种类似于幻象的东西。他是个高手。"

他的最后一句话带着古怪而模棱两可的语气。在字面上的赞叹下,我能感到一种虽未宣之于口,却清晰可感的保留态度。我不由自主地暗自对此产生了共鸣。

"高手?"我缓缓开口道,"我不喜欢这个词。"

"我也是,"卡夫卡坦然而轻松(在我看来)地接过话题,"我反对任何一种精湛的技艺。高手凭借戏耍者的绝技凌驾一切。可诗人能凌驾于事物之上吗?不!诗人被他经历、描述的世界俘获,正如同上帝被他的造物俘获。为了从中摆脱,他把它从自己体内分离出来。这不是一种高超的技艺。这是一种分娩,与其他任何一种分娩一样的繁衍。您听说过有谁说一个女人是生育高手吗?"

"不,我没有听说过。生育与技巧两个词不相干。"

"当然,"卡夫卡点了点头,"没有技艺高超的分娩,只有难产或顺产,但无论如何,生产总是疼痛的。精湛的技巧只能留给喜剧演员,他们做艺术家不做的事情。您可以从阿波利奈尔的诗中看出这一点。他把自己的各种空间体验浓缩成一种超个人的时间幻境。阿波利奈尔展现在我们面前的是一部文字电影,他是一个暗中向读者展现娱乐性图像的戏耍者。作家不会这么做,只有喜剧演员与娱乐艺人才会这么做。作家试图将自己的幻觉植入读者的日常经验。为此，他使用看似非常平实、读者耳熟能详的语言。从这本书中就能看出来。"

卡夫卡博士把手伸进办公桌侧面的抽屉，取出一本青灰色的小开本平装书放在我面前。他说："克莱斯特的短篇小说集，这才是真正的创作。他的语言特别清晰。您读不到华而不实的辞藻，也看不见装腔作势。克莱斯特不是戏耍者，也不是营造气氛的艺人。他的一生都笼罩在人与命运间幻境般的张力之下，他用清晰、通俗易懂的语言记录并阐明了这种张力。他的幻景应该成为普遍可及的经验财富。为此，他尽力不以文字耍弄杂技，不加以评论，也不施以暗示。在克莱斯特身上，谦逊、理解与耐心结合在一起，形成了一种力量，这是对每一场成功分娩来说都必不可少的。所以我才一再阅读他的作品。艺术不是转瞬即逝的惊奇，而是具有长久效应的典范。您可以在克莱斯特的小说集中清楚地看到这一点。这就是现代德语语言艺术的根基。"

*

德国达达主义领袖理查德·许尔森贝克（Richard Huelsenbeck）在布拉格开了个讲座。

我写了一份与之相关的报告。

我把它带给卡夫卡看。

"您的报告不应该叫达达，而该叫杜杜。"看完我的文章后，他说，"句子中充满了对人类的巨大渴望。这基本上是一种对于成长、对扩充渺小的自我，以及对集体的渴望。人从渺小而悲伤的自我孤独中逃离，进入了幼稚愚蠢的喧嚣。这是一种自愿的疯狂，因而它也是有趣的。可它依然是疯狂。如果人失去了自己，又怎么能找到他人？他人——这就是世界的壮阔深邃——只在寂静中展现自我。他们冷静下来，也只是为了举起食指斥责：'你，你！'"

我把我的报告烧了。

*

我写了一篇关于奥斯卡·鲍姆的长篇小说《进入不可能之门》的评论文章。

弗朗茨·卡夫卡把我的文章交给了菲利克斯·维尔奇，他把文章发表在《自卫》的副刊上。几天后，我在卡夫卡的办公室遇见了他的同事，我记得他的名字叫居特林，此人立刻开始分析我的文章。

他的评论自然是负面的。

在他的眼里，我的文章与鲍姆的小说都是"病态心灵的达达主义表达"。

我沉默不语。

可当他第五次重复这种看法时，卡夫卡插话了。

"如果说达达主义是病态的，那它也只是一种外部的征兆。仅此而已。孤立地压制其外在表征并不能消除疾病。相反，这只会让病情恶化。一个向内扩散的溃疡比几个生长在表面的溃疡危险得多。如果想要真正改善病情，必须要消除病理改变的基础。这样，痉挛引起的畸变会自行消失。"

居特林没有作答。

另一位职员的到来结束了这场辩论。当办公室只剩下我与卡夫卡的时候，我问："您也觉得我对鲍姆小说的书评是达达主义吗？"

卡夫卡笑了。

"这话从何说起？我根本没提到您的文章。"

"请您——"

卡夫卡甩了甩手道："这根本不是评价！批评家挥舞着'达达主义'这个词，就像小男孩挥着他的玩具马刀。他只想炫耀这把可怕的武器，因为他自己非常清楚，他的武器其实只不过是一件玩具。要是有人用一把真正的马刀与他对峙，这孩子就会立刻安静下来，因为他担心自己的玩具。"

"所以您说的不是鲍姆与我的文章,而是在说达达主义?"

"是的,我仔细观察我的马刀。"

"可您也认为达达主义是疾病的征兆。"我说。

"达达主义是一种缺陷,"卡夫卡非常严肃地说,"精神脊梁已经弯曲。信仰已经破碎。"

"什么是信仰?"

"有信仰者无法定义信仰,而无信仰者的定义为它笼上不仁的阴影。因此,信者不能说,不信者不应说。其实,先知们说的只是信仰的支点,从不单独说信仰。"

"它道出了只字不提自己的信仰。"

"没错,正是如此。"

"那基督呢?"

卡夫卡垂下头。

"他是一道充满光明的深渊。为了不坠落,人们必须闭上双眼。马克斯·布罗德在写一部伟大的作品,名叫《异教、基督教与犹太教》。或许我能通过与这本书对话找到自己心中的一丝明晰。"

"您对这本书的期望这么高?"

"不只是期待书,更是期待每时每刻。我在努力成为一个获得神恩的真正候选人。我等待、观察着。或许神恩会降临，或许不会。或许这种既平静又不平静的期待就是神恩的使者，甚至是它本身。可这并不使我担忧。在这段时间里，我已与我的无知结下了友谊。"

*

我们谈到不同教宗的优点与缺点。我试图从卡夫卡口中听到他个人的解释，但我失败了。

弗朗茨·卡夫卡说："上帝只有本人才能理解。每个人都有自己的生活与上帝，有自己的辩护人与法官。祭司与礼拜只是灵魂疲乏无力的经验使用的拐杖。"

*

有一次，卡夫卡在我公文包里的书中发现了一本侦探小说，他说："您不必为读这种东西而感到羞愧。陀思妥耶夫斯基的《罪与罚》其实也只是一部侦探小说。而莎士比亚的《哈姆雷特》呢？那是一部侦探剧。剧情的中心是个谜题，它将慢慢地被揭开。但还有比真理更伟大的秘密吗？创作永远都是在探求真理。"

"可什么是真理？"

卡夫卡沉默了半晌，然后露出一个调皮的微笑。

"看起来，您刚才抓住了我的一句空话。在现实中并非如此。真理是每个人生活所需，却无法从任何人那儿得到或买到的东西。每个人的真理必须总是由自己的内心产生，不然他就会走向灭亡。没有真理的生活难以为继。真理或许就是生活本身。"

*

卡夫卡送了我一本美国诗人沃尔特·惠特曼（Walt Whitman）的诗集《草叶集》，是雷克拉姆出版社的一厘米厚袖珍本。

他对我说："书译得不是特别好，有的地方甚至非常不流畅。但它至少能让人大致了解这位诗人，他是现代诗歌形式最伟大的奠基者之一。他的无韵诗可以称得上是阿尔诺·霍尔茨（Arno Holz）、埃米勒·维尔哈伦（Emile Verhaeren）、保罗·克劳德尔，捷克诗人斯坦尼斯拉夫·科斯特卡·诺依曼（Stanislav Kostka Neumann）及其他诗人的自由格律诗的范本。"

我急忙补充道，按照布拉格文学界的官方说法，"曾为捷克文学打开世界之窗"的雅洛斯拉夫·弗希利基（Jaroslav

Vrchlický）多年前就将沃尔特·惠特曼的《草叶集》作为新奇的语言实验而翻译成了捷克语。

"我知道，"卡夫卡博士说，"沃尔特·惠特曼诗歌的形式在世界上获得了极大的反响。其实沃尔特·惠特曼的意义在别处。他把对自然的观察与看似与之完全对立的对文明的观察结合在一起，塑造出一种独一无二、令人陶醉的生活体验，因为他能看见眼前的所有的景象不断转瞬即逝。他曾说，生命是死亡的一点残余。因此，他将自己的心完全献给每一株草叶。所以，我很久以前就很钦佩他。我很欣赏他对艺术与生命的一致态度。象征着如今的机械世界首次开始正式运作的南北战争爆发后，沃尔特·惠特曼成了一名护士。他做了我们每个人现在都应该做的事。他帮助弱者、病患与被殴打的人。他是真正的基督徒。因此，特别是对我们这些一衣带水的犹太人来说，他是衡量人性与价值的重要标尺。"

"所以您对他的作品非常了解？"

"没有像对他的生活那么了解。因为那才是他最重要的作品。他写的东西，他的诗歌与文章，都只是始终如一地生活与工作的信仰火堆遗留下的闪烁着微光的余烬。"

＊

利奥·雷德勒送了我一本王尔德散文集《目标》的德语译本，我带去给弗朗茨·卡夫卡看。卡夫卡翻了翻书，说："它闪闪发光，充满诱惑，只有毒药才像这样。"

"您不喜欢这本书？"

"我没这么说。相反，它太容易让人喜欢了。这也是这本书的一大危险，因为它玩弄真理。玩弄真理通常就是玩弄生命。"

"所以您的意思是，没有真理就没有真正的生命？"

弗朗茨·卡夫卡沉默地点了点头。

片刻后，他又说："谎言通常是恐惧的表现，人们害怕被真理淹没。这是自身卑微的投射，也是人们畏惧的罪孽的投射。"

＊

有一次来到卡夫卡博士的办公室时，卡夫卡博士皱着眉头站在办公桌前向我抱怨："我真是个非常不称职的职员。我连一份文件都处理不干净。一切到了我这儿就停住不动了。"

"我什么都没看见，"我说，"您的桌上什么都没有。"

"这倒没错，"卡夫卡博士说着坐了下来，"我以最快的速度送出每一份文件。然而对我来说，工作还没有完成。我的思绪依然跟着这些文件，从一个部门到另一个部门，从一张办公桌到另一张办公桌，从一双双手到最终的收件人。我的想象力不断突破办公室的四壁。可这并无法拓宽我的视野。相反，我的视野萎缩了，我也跟着萎缩了。"他苦笑着继续说道："我是一堆废物，甚至还不如废物！我还没办法被压在轮下，我只是被压在一颗小小的齿轮下，在工人意外保险机构黏糊糊的职员蜂巢里，我什么都不是。"

我打断道："简而言之，就像我父亲说的那样，职员生活不如狗！"

"是的，"卡夫卡博士点点头，"可我不吠，也不咬人。您知道，我是个素食主义者，靠吃自己的肉维生。"

我们两人捧腹大笑，几乎没有注意到有人敲门进了办公室。

*

我告诉卡夫卡，我与父亲参观了布拉格文策尔广场附近的方济各修道院。

弗朗茨·卡夫卡说："这其实是一个自行选择的家庭社区。为了得到救赎，人们自愿限制自我，放弃最高、最真实的所有物——自己的肉身。他想通过外界的连接获得内心的自由。这就是服从法律的意义。"

"可不懂法律的人如何获得自由？"

"法律会通过殴打宣告自身的存在。不懂法律的人会被拖着打，打到他理解为止。"

"所以您的意思是，每个人迟早都能获得正确的认识？"

"我不是这个意思。我说的不是认识自由，而是把自由作为目的。认识只是道路……"

"实现目标的道路？那生命岂不只是一个任务，一种使命？"

卡夫卡做了个无奈的手势。

"就是这样。人无法看清自己的全貌。他在黑暗中。"

*

有一次我去找卡夫卡博士的时候，他正与我父亲站在窗边。我与他们打招呼，他们转过身，向我短促地点点头表示回答。

接着卡夫卡博士立刻问我父亲："在您参加战争的短暂岁月里，您已经体会到士兵的生活比平民相对好一些？"

"是的,"我父亲点点头,"军人没有像平民那么缺粮,我们总有面包。士兵的粮食供给比平民好。"

"可以理解,"卡夫卡说着若有所思地摸了摸刮得干干净净的下巴,"士兵身上藏着钱。他们是国家投资的载体,必须得到照顾。他们是专家,而平民只是人,国家在人身上要尽可能地少花钱。"

"是的,"父亲叹了口气道,"这一点在斑疹伤寒军营中展现得一清二楚。谢天谢地,这种恐怖已经结束了。"

"还没有结束。"卡夫卡轻声说。他走到办公桌前,低下头站着。"恐怖只是在积聚力量,以便更好地卷土重来。"

"您指望再来一场战争?"我父亲一脸惊愕地问。

卡夫卡博士只是不发一言。

"这不可能!"我父亲激动地举起手臂,"不可能再爆发一场新的世界大战!"

"为什么不可能?"卡夫卡直视着我父亲的眼睛,平静地说,"这只是您的愿望。难道您能够坚信不疑地说,这是最后一场战争吗?"

我父亲沉默了。我看到他的眼睑在抖动。

卡夫卡博士坐下,将骨节分明的手指交叉放在桌面上,深吸一口气。

"不,我无法这么说,"我父亲终于轻声答道,"您说得对，这只是个愿望。"

"在沼泽中被淹到脖子时，产生这种愿望也不足为奇。"卡夫卡说话时没有看着我的父亲，"我们生活在人口膨胀的年代。人们用消灭平民赚钱，因为他们比士兵与大炮便宜。"

我父亲道："尽管如此，我依然不相信会爆发战争！大多数人都反对战争。"

"这又有什么用？"卡夫卡心灰意冷地说，"大多数人做不了决定，他们毕竟也只是奉命行事。至关重要的是逆流而上的个人，可现在这种人早已不存在，对舒适的需求已经将他清算。衬衫比上衣离人更近。如果我们不立刻丢弃道德的肮脏衣物，我们每一个人都将悲惨地死去。"

*

弗朗茨·卡夫卡是第一个认真对待我精神生活的人。他把我当作成年人般与我说话，这大大增强了我的自信心。他对我的兴趣是对我莫大的恩赐。我对此一直都很清楚。有一次，我甚至在他面前说出了心里话。

"我没有抢走您的时间吗？我那么笨。您给了我那么多，我却什么都给不了您。"

听我这么一说，卡夫卡立刻显得很尴尬。

"可是，可是，"他用抚慰的语气道，"您是个孩子，不是强盗。我分给您的时间本不属于我，属于工人意外保险机构。我们一起偷走了我的时间。那简直是太棒了！而且您一点都不笨。所以不要再说这些话了，这简直是在逼迫我承认，理解您的青春、为您的青春奉献让我非常高兴。"

*

我们沿着码头散步。

我告诉卡夫卡，前不久我病了，发烧卧床的时候，我在写一部名为《索尔》的剧本。

卡夫卡对这一文学尝试很感兴趣。我想用一个三段式的阶梯舞台来表现这部剧。三个高低不一的平台表现的是三个精神世界。下层代表大众的街道或公共场所，中层代表国王的宫殿与私人的住所，上层代表宗教世俗力量的庙宇，无形者用这种力量说话。

"所以它整体看来就是一座金字塔，它的顶端消失在云端。"弗朗茨·卡夫卡说，"重心呢？剧中世界的重心在哪儿？"

"在人民群众的脚下。"我回答，"尽管有几个人物，但这部剧依然属于匿名的群众。"

卡夫卡皱起浓眉，稍稍向前努了努下唇，用舌尖润了润嘴唇，看也不看我便说道："我认为您的假设是错误的。匿名是无名的同义词。可是犹太民族从来都不是无名的。恰恰相反！犹太人是由一位有人情味的上帝选中的子民，如果他们坚持律法，他们永远都不会沦落到低级阶段，成为没有名字因而丧失灵性的乌合之众。只有背离了赋形的法则，人类才会变成灰败的、无形且无名的乌合之众。可此时早已没有了上下层之分，生命浅薄得只剩下生存，没有戏剧，没有斗争，只剩下物质的磨损与腐烂。可这不是《圣经》与犹太教义中的世界。"

我为自己辩护："我关心的不是犹太教，也不是《圣经》。对我来说，《圣经》中的材料只是描写当今大众的一种手段。"

卡夫卡摇了摇头。

"问题就出在这儿！您这么做是不正确的。您不能将生命变成死亡的比喻。这将是种罪恶。"

"您把什么称作罪恶？"

"逃避自己的使命就是罪恶。误解、急躁与懈怠都是罪恶。作家的任务是将孤立的凡人引入不朽的生活，将随机引入规律。他的任务是预言。"

"所以，写作其实是引导。"我说。

"正确的言语引导，错误的言语引诱。"卡夫卡说，"《圣经》被称为《圣言》绝非偶然。它是犹太民族的声音，这声音不是昨日的历史，而是今日的现状。但在您的剧中，您把它当成了木乃伊化的历史事实，这是不正确的。如果我没有理解错的话，您想把今天的群众搬上舞台，他们与《圣经》毫无共同之处。这就是您这部剧的核心。《圣经》中的人民是通过法则集合起来的个人。可今天的群众拒绝任何集合。他们因为内心的无序而乱成一盘散沙。这就是他们无休无止地发起各种运动的驱动力。群众疾行、奔跑、迈着大步穿过时间。他们要去哪儿？他们从哪儿来？没有人知道。他们走得越远，就越无法抵达目的地。他们徒劳地用尽力量。他们以为自己在行走，可他们只是在原地踏步中堕入虚空。仅此而已。人就是如此失去了家园。"

"那您怎么解释民族主义的滋长？"我问。

"这正好为我的观点做证。"弗朗茨·卡夫卡答道，"人们总在争取自己没有的东西。各国人民共同的技术进步令他们的民族特性日益消失，所以他们才变得越来越具有民族意识。现代民族主义是抗拒文明进攻的防御运动。这一点在犹太人身上体现得淋漓尽致。如果他们在环境中感到舒适，生活得轻松愉快，那就不会有犹太复国主义了。是外部环境的压力让我们找到了自己的面貌。我们返乡，返回我们的根。"

"所以，您确信犹太复国主义是唯一正确的道路？"

卡夫卡尴尬地笑了起来。

"路的对错只有走到最后才知道。无论如何，我们现在就出发。我们在行动，因此我们还活着。反犹主义不断在我们身边滋长，可这是好事。《塔木德》中写道，我们犹太人就像橄榄，被碾碎的时候才奉献出最好的东西。"

"我认为，世界进步劳工运动不会允许反犹主义进一步抬头。"我说。

可弗朗茨·卡夫卡忧郁地低下了头："您弄错了。我想，反犹主义迟早将波及工人阶级。从工人意外保险机构便可以看出这一点。它就是劳工运动的产物。它本该充满光明的进步精神。可实际上呢？这个机构像一个官僚主义者的黑暗巢穴，我是里面唯一用来展示的犹太人。"

"这太绝望了。"

"是的，人就是绝望的。因为在不断增长的人群之中，每一分钟，人都变得越来越孤独。"

*

我们谈到吸烟。

我说："我认识许多小伙子为了假装自己已经成年才开始抽烟。我从来没有做过这种愚蠢的事。"

"您得感谢您父亲。"卡夫卡博士说。

"是的,"我附和道,"不用做任何模仿成人的蠢事,也可以成为像我的父亲那样成熟的人。"

卡夫卡举起手,在空中晃了晃:"相反,那些被周围邪恶的观点与坏习惯牵着鼻子走的人没有自尊。可没有自尊就没有道德、没有秩序与耐性,也没有呵护生命的温暖。这样的人会像不成形的牛粪般分崩离析,只对屎壳郎及其他昆虫有点用处。"

*

我在卡夫卡的办公室。

他疲倦地坐在办公桌后面。双臂下垂,双唇紧闭。

他微笑着向我伸出手。

"我昨晚难受极了。"

"您去看过医生没有?"

他噘尖嘴。

"医生……"

他举起右手,掌心向上,然后又垂下手。

"人无法逃避自己。这是命运。唯一的选择就是在旁观中忘记我们被命运玩弄。"

*

住在齐日科夫区耶瑟尼乌斯街的斯瓦特克夫人上午在我父亲家帮佣，下午在工人意外保险机构做清洁工。她好几次都看到我与弗朗茨·卡夫卡在一起。她认识卡夫卡，所以有一天，她与我谈起了卡夫卡。

"卡夫卡博士是个正派的绅士。他与其他人很不一样。这从他如何给别人东西上就能看出来。其他人把东西往你手里一塞，仿佛是在用那东西扎你。他们不是在给你东西，而是在轻视与侮辱你。有时你想把这样到手的小费扔掉。可卡夫卡真的是以一种让人愉快的方式给人东西。比如说，他早上没吃完的葡萄，其实都是剩下的东西，我们都知道别人吃剩下来的东西长什么样。可卡夫卡博士从来不会让它们看上去像一堆无味的废料。他把葡萄或水果整整齐齐地码在小盘子里。每次我来到办公室时，他都只是不经意间问我是否需要一些水果。是啊，卡夫卡博士不把我当成一个年迈的清洁女工。他是个正派的绅士。"斯瓦特克夫人说得没错。卡夫卡确实深谙送礼的艺术。他从未说过："您拿好，这个是我送您的。"每次他送我书和报纸的时候，他只是说："您不用再还给我了。"

＊

我们谈起 N.。我说 N. 很笨。而卡夫卡说:"愚蠢是有人情味的。很多聪明的人并不聪慧,因此到头来他们根本不聪明。他们只是因为害怕毫无意义的庸俗而变得没有人情味。"

＊

和卡夫卡在一起的是一个说话有些粗鲁的职员。
当办公室里只有我们两人时,我问:"这是什么人?"
"那是 N. 博士。"卡夫卡说。
"真是个流氓。"我说。
"哪有!这只是他非同寻常的习惯。他可能是听说,有了优雅的举止,地痞也能长袖善舞,所以他不穿燕尾服,反而套上了粗麻布袋。仅此而已。"

＊

卡夫卡博士的办公桌上摆放着许多信件、照片与旅游手册。

在我询问的眼神中，他解释道，他想去一个山中的小疗养院调养一段时间。

"我不想去很大的康复中心。"他说，"我只是想去那种有医生照料的家庭式疗养公寓。我不想要舒适与豪华的保健项目。"

我说："对您来说，最重要的是疗养院的位置与山中的空气。"

卡夫卡点点头道："这也很重要。不过最宝贵的或许是，至少在这段时间里，人必须挣开旧习的锁链，不得不站在被记忆美化的世界橱窗前，清点自己早已破烂不堪的人生钱包。无论走到哪儿，人总是追随着自己被误解的本性。"

*

秋天潮湿的天气及过早来临的寒冬加重了卡夫卡的病情。

办公室里，他的办公桌空空如也，无人问津。

"他发烧了，"坐在邻桌的特雷默尔博士告诉我，"或许我们再也见不到他了。"

我伤心地回家了。

他的办公桌一直空了好几个星期。

可有一天，卡夫卡又回到了办公室。他脸色苍白地弓着身子，露出一丝微笑。

他用疲惫而低沉的声音告诉我，他只是来交接几份文件的，顺便从办公桌中拿一些私人材料。他的身体非常糟糕。过几天，他就要去塔特拉斯山高处的疗养院了。

"那就好，"我说，"要是可能的话，越早去越好。"

弗朗茨·卡夫卡悲哀地笑了。

"这才是最耗费心力，也是最困难的。人生有那么多的可能，但所有的可能都反映出自身存在必然之不可能。"

他一说话就猛烈地干咳起来，不过很快就压下去了。

我们相视一笑。

"您看，"我说，"一切会好起来的。"

"没事的，"卡夫卡缓缓说道，"我已应允了一切。所以，病痛将变作魔法，而死亡只是甜蜜生活的一部分。"

*

他动身去塔特拉斯山里的疗养院前，我与他道别。我说："您会康复，而且会健康地回来。未来会让一切变得美好。一切都会改变。"

卡夫卡笑着把右手的食指放在胸前。

"未来已经在这儿了。变化只是隐秘伤口的具现。"

我有些不耐烦。

"如果您不相信会康复,为什么还要去疗养院呢?"

卡夫卡弯下身子倚在桌面上。

"每一个被告都尽力推迟判决。"

*

我与女友海伦娜·斯拉维切克(Helene Slaviček)从赫卢梅茨来到布拉格。我们去我父亲的办公室,告诉他我们已经抵达布拉格。在楼梯上,我们遇见了弗朗茨·卡夫卡。我把他介绍给海伦娜。

两天后,他对我说:"女人是陷阱,从四面八方窥视着人们,以便将其拉入唯一的终点。如果人们主动跳入陷阱,它们就不再危险。但如果人们对此习以为常,那所有女性的陷阱又将重新张开。"

*

与海伦娜·斯拉维切克一起拜访完我父亲的第二天,我独自来到工人意外保险机构。我问卡夫卡博士:"您喜不喜欢海伦娜？"

他把头侧向左边，说："这一点都不重要。她是您的女友。您肯定是被她迷住了。在爱情中，一切都取决于一个字，就像每一种魔术。'一个女人'这种意义宽泛的名称必须让位于'那个女人'这样泾渭分明的称谓。相似的概念必将成为命运之力。然后一切都会走上正轨。"

*

谈起布拉格协会"锡安工人"的各大领军人物时，我们不免说起这个团体中毋庸置疑的最佳演说家，曾经的演员鲁道夫·K.。我提到"英俊的鲁迪[1]"赢得了不少女人的芳心时，卡夫卡说："这种男人的幸福对女人来说是一种不幸，这将摧毁她们的生活。这是严重的罪行，它与每一种从虚弱与痛苦中榨取的单方面幸福一样，都是犯罪。人如果长久沐浴在这种虚假的幸福之光中，迟早会在自己恐惧与自私的某个荒芜角落里窒息而死。"

---

1 鲁道夫的昵称。

＊

年轻的 F. W. 因失恋自杀。

我们谈论此事。

卡夫卡说:"什么是爱情?答案很简单!爱是一切能强化、扩展、丰富我们生命的东西,是能通往所有峰巅与深渊的东西。爱情就像交通工具那样没有问题。问题出在驾驶员、乘客与道路。"

＊

我说起我同学 W. 的事,他十岁时被他的法语老师诱奸,自此对所有的年轻女孩都心怀恐惧,甚至连自己的妹妹都害怕,所以他不得不去精神分析学家普策尔博士那儿寻求帮助。

卡夫卡说:"爱总是撞在从未真正愈合过的伤口上,因为它总与污秽结伴出现。只有情人的意志才能让爱与污秽分离。但像您年轻的朋友这样无助的人,在爱情中可能还没有自己的意志,所以他受到了污秽的感染。他因不成熟的困惑而罹难。这会造成严重的损害。男人脸上苦痛的表情通常只是孩童时期冻结的迷惘。"

＊

一次散步时，我提起了我的女友海伦娜·斯拉维切克。弗朗茨·卡夫卡说："相爱的时候，人不只要对自己负责，还要对对方负责。坠入爱河的人处于某种迷醉的状态，这削弱了他原有的力量。人性自我的内容比瞬间意识的有限视野广博。人的意识只是自我的一部分，每一次决定却会给整个自我指明方向。误解中最寻常、最困难的冲突就是这样发生的。"

＊

在讨论 C. 的时候，卡夫卡说："官能性一词的词干是知觉，其中包含着特定的含义。这条路自然也与危险相连。我们可以将手段置于目的之上，这样就能获得官能享受，正是这种享受会使我们的知觉偏离。"

＊

我记得，弗朗茨·卡夫卡相当偏爱讽刺的双关语和独具一格的语言风格。但在我的笔记中,相关的记录只有这一处。

我提起中学四年级时,为了借阅奥托·尤里乌斯·比尔鲍姆(Otto Julius Bierbaum)的《杜鹃王子》,我费了好大的劲。

"那些放浪形骸的描写非常吸引我们。"我说。

卡夫卡说:"浪荡子这个词总令我想到荒漠[1],想到迷失。浪荡子在荒漠迷失了方向。"

"女人就是荒漠。"

弗朗茨·卡夫卡耸了耸肩。

"或许吧,欲望之泉就是他的寂寞之泉。他越喝越清醒。最后他再也没有解渴之法,于是他不再为了解渴而喝。这就是浪荡子。"

*

波里奇区工人意外保险机构的老楼对面,有一家漆成棕黄色的老旅馆,名叫金雉鸡旅馆。二层的客房主要供那些徘徊在旅馆门口、招揽客人的女人使用。

---

[1] 浪荡子的德语为"Wüstling",而荒漠的德语为"Wüste"。

有一次，我在工人意外保险机构门口等卡夫卡博士，他说："我刚刚在楼上看见，您专注地观察这些踱来踱去的姑娘。所以我赶紧下来了。"

我感觉自己脸红了，于是我说："我对那些女人不感兴趣。我只是好奇谁会光顾她们。"

卡夫卡从侧面望着我，转过身直视前方，过了一会儿，他对我说："捷克语真是深奥而坦诚。用'鬼火'这个词来形容这些女人真是贴切得惊人。想就着这些闪烁的沼气取暖的人，一定贫穷孤苦，身子也冻僵了。他们肯定很可怜，很失落，一个好奇的目光都能伤害他们。所以，您不应该看他们。可转头不看他们，又会被理解为轻视。太难了……通往爱的道路总是布满了泥土与困苦。轻视这条路却会轻易丧失目标。因此，人们必须恭顺地接受道路各种各样的表现。或许只有这样，人才能达成目标。"

*

有一次，我走进卡夫卡办公室的时候，他正在研究捷克斯洛伐克的各种法律。他烦闷地将这些法律条文一把扫进办公桌拉开的抽屉里，像漫画里的人物般翻了翻眼睑，叹了口气。

我说:"这些东西很无聊,是吧?"

卡夫卡博士说:"何止无聊,简直令人厌恶。对立法者来说,人不过是罪犯与懦夫,只能通过暴力威胁与恐惧来引导。可这不仅是错误的,更是目光短浅,因此,这对于立法者本身来说也非常危险。"

"为什么立法者很危险?"

"因为人们的内心已经远离他们。出于对人类的蔑视,立法者并未创造秩序,反而或多或少地制造出了一种明显的无政府主义。"

"我不是很理解。"

"很简单,"卡夫卡博士说着把身子舒服地靠在椅背上,"随着世界逐步机械化,越来越多个体聚集在一起,形成一个庞大的群体。可每个群体的特征都取决于其最小组成部分的结构与内部运动。这也适用于形成群体的人。因此,想要调动他们的积极性,就必须信任每一个人。我们必须给予他们自信与希望,并借此给予他们真正的自由。只有这样,在工作与生活中,我们才不会觉得围绕在我们身边的法律机器是令人屈辱的家禽栏。"

我到波里奇区的工人意外保险机构拜访卡夫卡的这段时间，我父母的婚姻陷入了严重的危机。家中不睦令我分外苦恼。我向卡夫卡抱怨了这一点，并向他坦陈，家中鸡犬不宁其实是我尝试写作的决定性因素。

"如果家里的情况不一样，我或许就不会写作了。"我说，"我想逃避家中的吵闹，摆脱周围与我心中的声音，所以我才写作。就像有人用钢丝锯制作各种各样的东西，以填补家中无聊的夜晚。我将词语、句子与段落拼凑在一起，这样我就有理由独处，与令我压抑的环境隔绝。"

"这没错，"卡夫卡回答，"许多人都这么做，福楼拜曾在一封信里写道，他的小说是他紧紧抓住的礁岩，这样他就不会被卷入周围环境的波涛中。"

"虽然我也叫古斯塔夫，可我不是福楼拜。"我笑着说。

"心理卫生的技巧不是个人的专属权利。为了不让您受福楼拜的名字干扰，我向您透露，在某一时期，我与您做了同样的事。只不过我的情况更复杂些。我以涂鸦逃避自己，却在最后又抓住了自己。我无法逃避自己。"

*

我父母之间的紧张关系也成了我与弗朗茨·卡夫卡的话题。

"我无法忍受所谓的家庭生活。"我说。

"这很糟糕,"卡夫卡发自内心地关切道,"如果您只观察家庭生活,那会如何?家人或许会认为,您与他们一起生活,您或许活得很安心。毕竟这也不完全是假的。您可以从另一个角度出发,与您的家人生活在一起。这或许就行了。您在圈外,脸面对家人,这就够了。或许您甚至可以时不时地在家人的眼中看见您的倒影,它非常小,就像花园中玻璃珠上的那幅画。"

"您的建议纯粹是精神杂技。"我说。

"没错,"卡夫卡点点头,"这就是日常生活中的杂技。这非常危险,因为人们通常不会发现它。然而,这些杂技不会扭断人的脖子,只会直接折断人的灵魂。人不会因此而死,反而会成为值得褒奖的生命障碍人士继续活下去。"

"您能不能找个人举例?"

"我举不出例子。只有在特殊情况下才能找出例子。但所谓的聪明人,通常都是这类生命障碍人士,他们占绝大多数,他们不会容忍对他们不利的例子。"

当我再次抱怨家中的纷争时，卡夫卡说："请您不要生气。请您保持冷静。冷静是力量的体现，人也可以通过冷静获得力量。这就是两极法则。所以，请您保持冷静，保持不动令人获得自由，即便赴死也无惧。"

*

家中闹得不得安生。母亲对我父亲的醋意越来越大。她觉得在这个比她小十四岁的男人身边，她已经又憔悴又苍老。这让她产生了一种自卑感，而配偶的贬低让这种感觉愈加强烈。她怀疑父亲不忠。由于找不到客观证据，她便猜测他谎话连篇、阴险狡诈。这都表现在她怨毒的眼神、冷酷的话语与细小却与日俱增的贬低中。

桌上没有饭菜，父亲爱吃的菜从菜单上消失了。父亲从办公室回来后，家中一片狼藉。窗帘在敞开的窗户里飘飞，厨房的桌子上放着一桶脏水，卧室里床垫与被子堆得乱七八糟。主妇不知所踪，女仆被加了假。父亲无可奈何地待在一个陌生不自在的环境中。一开始，他只是小声咕哝几句，接着便是越来越大声、越来越激烈的争吵。

有一次，他们从第一天下午一直吵到第二天早上，只有晚上才短暂地睡了几个小时。如此大吵之后，我满怀羞愧、震怒与无助去找卡夫卡博士。他平静地听完我情绪激动、结结巴巴的讲述，然后他锁上办公桌，把钥匙放入口袋，站起身。"您知道吗？我看不上这间办公室，您看不上一切令您压抑的事。让我们组成一个口哨二人组[1]，我们散步去。我们必须得出去透透气。"

走到楼下，他伸手挽住我的胳膊，微笑道："我们上从前的王都转一圈。体面的浪子一般会先喝一杯红酒或科涅克白兰地。可惜，我们两人都不是容易满足的买醉人。我们需要更复杂的麻醉剂。我们去安德烈书店瞧瞧。"

"我只有几个克朗。"我小声说。

"我也是，"卡夫卡博士随意挥了挥手道，"可我在那认识一个人，戴米先生会照顾我们的。"

卡夫卡博士没有说错。戴米先生是罗斯托克人，他爱上了布拉格这座城市，作为图书贸易商的他很快就在这儿赢得了极好的声誉。他在炮塔旁边经营一家巴掌大的书店，黑色的柜台上铺着形形色色的新旧书籍。

我已经不记得当初戴米先生给我们展示了些什么书。我只记得卡夫卡博士给自己和我买了什么书，以及他是如何形容每一本书的。

---

[1] 向某物吹口哨暗含轻蔑之意。

卡夫卡博士为我买了查尔斯·狄更斯的《大卫·科波菲尔》、保罗·高更的《此前此后》，以及阿蒂尔·兰波的《生活与诗歌》。

狄更斯的书是我自己选的，他的书我缺得不多，这就是其中一本。

卡夫卡博士认同我的选择。

他说："狄更斯是我最喜欢的作家之一。没错，有段时间他甚至是我的楷模，我苦苦模仿他却不得其法。您喜爱的卡尔·罗斯曼是大卫·科波菲尔与奥利弗·退斯特[1]的远亲。"

"博士先生，为何狄更斯如此让您入迷？"

卡夫卡不假思索地回答："他对事物的把控，他掌握内心与外界的平衡感，他对世界与自我间相互关系娴熟而简洁的描写，还有他极为自然的匀称文笔。这正是当今大多数画家与作家所缺乏的。您看，比如说，从这两位法国人的作品中就能看出来。"

他立刻就把前面提到过的高更与兰波的书塞给我。他自己买了三卷古斯塔夫·福楼拜的日记。

"福楼拜的日记特别重要，也极为有趣。我早就买过

---

[1] 狄更斯的《雾都孤儿》中的人物。

了。现在我给奥斯卡·鲍姆也买一套。"

我想把两个装着书的包都拿上,可卡夫卡博士不让我这么做。"不,不,这不行。您不能帮我拿我的陶醉材料。陶醉与死亡都是其他人不可替代的。"

我反对道:"如果这书是您给鲍姆买的,那根本就算不上是您的陶醉材料。所以我可以拿这个包。"

可卡夫卡用力摇了摇头,说:"不,不,真的不行。让我陶醉的正是送书。这是最精纯的醉意,我不能让别人为我服务而让我的陶醉有所减损。"

于是我们各自夹着一包书,一起翻过护城河,走到文策尔广场。我们路过左边的圣文策尔骑士雕像,右边的新德意志剧场,进入市立公园,在布莱道尔街边的售货摊上喝了一杯牛奶。在人工喷泉噼啪作响的鸭池边逗留片刻后,我们沿着鸭池后边的一条坡道去有轨电车站,一起乘车去城堡。

路上,卡夫卡谈起了对为我购买的那几本书的作者(除了狄更斯)的看法。

他说:"主观的自我世界与客观的外部世界之间,人与时间之间的紧张关系是所有艺术的主要问题。每一个画家、作家、戏剧家及诗人都必须面对这一问题。他们呈现的作品自然是现有元素不同的混合体。对于画家高更来说,现实只是一架马戏团秋千,一件色彩及形式都格外独特的艺术品。

兰波的语言亦是如此。兰波甚至超越了词语界限，他将元音转化为色彩。通过这种声音与色彩的魔术，他接近了原始部族神秘的宗教体验。他们满怀恐惧与不安地跪在各种用木头或石头制成的偶像面前。然而，进步使材料贬值。我们把自己制成偶像，可代价是，恐惧的阴影更深沉、更阴鸷地在我们身边弥漫、扩散。"

卡夫卡博士若有所思地望着窗外。

后来，我尝试着把话题再次引回现代偶像崇拜，但我没能成功。卡夫卡博士没有回应我在该方向上提出的暗示与疑问。

我们在城堡区北侧下车，走了一小段路，越过马利亚堡垒与斯陶普桥，穿过城堡的两个庭院，经过瑞典宫与瞭望台，从老市政厅的楼梯进入罗列托街，一直走到罗列托广场。因为卡夫卡博士累了，我们又搭上电车。

走上老城环形路，快到他家的时候，他对我说："您告诉我的您家中的争吵不仅折磨着您，您的父母更是深受其害。您的父母因彼此疏离而渐行渐远，他们因而失去了许多我们人类拥有的宝贵财富，失去了他们各自的生命与生命的意义。实际上，您的父母与我们这个时代的大多数人一样精神残缺。当今绝大部分人的感知与想象都是残缺不全的。因此，您不能推开您的父母。恰恰相反，您必须像对待盲人与瘸子那样引导、扶持他们。"

"可我该怎么做?"我绝望地问。

"用您的爱。"

"如果他们两个都在攻击我呢?"

"没错,就是在这种时候更要用爱。您必须通过您的冷静、宽容与耐心,简而言之,通过您对父母的爱唤醒他们心中已经奄奄一息的东西。即便遭受打击与不公,您依然必须爱他们,引导他们寻回公正与自尊。因为什么叫作不公?缺乏正确的生活方式,误入歧途,跌倒在地,在尘土中匍匐,丧失尊严的姿势。您要用您的爱支持、宽慰您的父母,就像对待两个迷路的人那样。这是您必须做的事。我们都是如此,否则我们就不再是人。您不能因为痛苦而谴责他们。"

他的手轻轻地抚摸着我的左脸颊。

"再见,古斯蒂[1]。"

卡夫卡博士转过身,消失在房子黑暗的玻璃门后。

我呆若木鸡地站在原地。

他和我父母一样叫我古斯蒂,还有他的手……我依旧能感受到他指尖的轻柔触感。可我的脊背随即传来一阵颤

---

[1] 古斯塔夫的昵称。

抖，我突然擤起了鼻涕，仿佛感冒了似的。当我慢慢穿过老城环形路，走入黑暗的艾森巷时，我的下巴还在颤抖。

*

我告诉卡夫卡，我的父亲不允许我学习音乐。

"您会服从这个禁令吗？"卡夫卡问。

"怎么可能？"我回答，"我有自己的想法。"

卡夫卡非常认真地看着我。

"最容易丢掉自己头脑的恰恰是它自己。"他说，"我当然不想说什么反对您学习音乐的话。恰恰相反！只有经过理性考验的激情才有力量与深度。"

"可音乐不是激情，是艺术。"

卡夫卡笑了起来。

"每一种艺术的背后都藏着激情。因此您才为此痛苦，为此斗争。因此您才违抗父命，因为您爱音乐及与音乐有关的一切，胜过爱您的双亲。但在艺术上总是这样。人必须抛弃生命，才能赢得生命。"

＊

我父母的关系越来越紧张,已经到了打离婚官司的地步。我告诉卡夫卡,我要离家出走。

卡夫卡缓慢地点了点头。

"这令人痛苦。可在这种情况下,这是最好的办法。有些事情只有通过坚决地跃入反方向才能解决。必须要到陌生的地方找回已经离开的家园。"

当我告诉他,我当晚要作为乐手去演奏时,他说:"这会损害您的健康。此外,您会因此而脱离社会。生命之黑夜成了您的白天,人类的白天变成了梦。您不经意间成了周遭环境的对立面。现在您还年轻,察觉不到什么。可是再过几年,您会因为空虚而闭上双眼,您会失去视觉的力量,环境会将您吞没。"

＊

父母离婚案的第一次庭审结束后,我去拜访弗朗茨·卡夫卡。

我情绪非常激动,痛苦万分,因而态度很不公正。

听完我声嘶力竭的哭诉,卡夫卡说:"请您冷静下来,保持耐心。就让糟糕与不愉快的事情降临到您身上。不要回避,相反,您要仔细观察它们。用主动理解代替被动应激,您就可以战胜它们。人只有透过自身的渺小才能获得伟大的成就。"

*

"耐心是应对所有状况的万能钥匙。人必须随一切共振,热衷于一切,同时又保持冷静与耐心。"在一个澄澈的秋日午后,我们慢慢踱过落英缤纷的树园时,卡夫卡博士对我说,"不存在弯折与断裂,只有始于克服自我的克服。没人可以避免。突破这条轨道总会带来崩溃,人必须耐心地接受一切,慢慢成长,只有用爱才能打破胆怯自我的界限。在周围窸窣作响的枯叶后面,我们必定已经看到了春天的幼嫩的新绿,要耐心等待。耐心是实现一切梦想唯一且真正的基础。"

这就是卡夫卡博士的人生准则,他试着以坚持不懈的忍耐力向我灌输他的原则。他的每一句话、每一个手势、每一个微笑、每一次眨动他的大眼睛,还有他在工人意外保险机构工作的那么多年都使我坚信这个原则的正确性。

父亲告诉我,弗朗茨·卡夫卡在波里奇区 7 号这间浓烟工厂里的一张擦得光洁锃亮的办公桌后坐了十四年,这几乎是一代人平均年龄的一半。1908年7月30日，他以助理职员的身份进入工人意外保险机构。1922年7月1日，应本人要求，他以高级秘书的身份退休。

打扫卡夫卡办公室及我们卡罗林塔尔区公寓的斯瓦特克夫人告诉我："卡夫卡博士像一只小老鼠那样悄无声息、不引人注目地消失了。他无声无息地在工人意外保险机构生活了那么多年，又如此悄然离开。我不知道是谁将他的办公桌清空了。衣柜里只挂着卡夫卡博士那件又旧又薄的备用灰大衣，那是他在突然下雨的时候才会穿的。我从来没见过他带伞。一个勤杂工取走了这件大衣。我不知道他会把衣服送去给卡夫卡博士，还是自己留着。我用水和肥皂把柜子清洗了一遍。办公桌上留着一个长长的旧玻璃盘，里面放了两支铅笔和一支钢笔，旁边还有一只漂亮的金蓝色茶杯和一只与之配套的杯托。特雷默尔博士看见我收拾，就对我说：'把这些碎片都弄走！这个玻璃盘是卡夫卡博士的工作用具。杯子是他拿来喝牛奶的，有时他也喝茶。'于是我把特雷默尔博士口中的碎片都拿回家了。"

斯瓦特克夫人走进她家的厨房，我在她的对面坐下。她从白漆橱柜的玻璃橱窗中取出卡夫卡博士留下的"碎片"，用布仔细擦拭干净，然后把它小心翼翼地放在我面前的桌子上。

"年轻的先生,把它拿走吧。您很喜欢卡夫卡博士。我知道。您什么都不必说。在您真正需要他的时候,他对您非常好。我相信,您会好好保存这个他经常用来喝东西的杯子的。"

事实的确如此。不论境遇如何,搬过多少次家,这只小瓷杯一直陪伴在我身边。但我从来没有使用过它。我不敢用我的嘴唇触碰弗朗茨·卡夫卡放在唇边的杯缘。

看到斯瓦特克夫人给我的金蓝色杯子,我总是想起某一个黄昏,卡夫卡博士在穿过被雨笼上一层阴影的泰因霍夫时对我说的话:"生命就像我们头顶的星辰之渊那样无比伟大深邃。人只能透过小小的窥视孔才能看清自身的存在。此时,他感受到的比看到的更多。因此,人必须首先保持窥视孔的洁净。"

我一直都做到这一点了吗?

我不知道……我想,只有像卡夫卡这样沉醉于真理的圣人才能做到。

*

1924年夏,我在布吕克斯附近的上格奥尔根塔尔。周五,6月20日,没错,是一个周五,1924年6月20日,我收到我的朋友，画家埃里希·希尔特（Erich Hirt）从布拉格寄来的信。

他写道："我刚从《日报》的编辑部得知，6月3日，作家弗朗茨·卡夫卡在维也纳附近基尔林的一家私人小疗养院中去世。不过他被葬在这儿，在布拉格。1924年6月11日，周三，他在布拉格的斯特拉施尼茨犹太人公墓落葬。"

我望着床头墙上挂着的一张我父亲的小照片。

1924年5月14日，他自愿结束了生命。

二十一天后，6月3日，卡夫卡走了。

二十一天后……

二十一天……

二十一……

我青年时代感官与精神的地平线坍塌的那一刻，算来也已经过了二十一年。

附录：本书的历史[1]

我的这本回忆录暨笔记集的初版发行于1951年，当时原定的书名是《卡夫卡对我说》，出版社的管理层将其改为《与卡夫卡对谈》[2]。广大读者、报社与电台的评论员及青年文学学者立即对此书产生了浓厚的兴趣。多年来，这种兴趣有增无减。我这本平平无奇的书成了被严肃评价的文学研究资料。因此，在本书的德语原版问世后，很快就出现了法语、意大利语、瑞典语、英语、南斯拉夫语、西班牙语的译本——是的，甚至还出了日语版。

此后，我从世界各个角落收到了雪片般的信件，我总是尽

---

[1] 此为1968年本书增订版的作者前言。
[2] 此次中文版更名为《阅读是砍向我们内心冰封大海的斧头：卡夫卡谈话录》。——编者注

我所能地一一回应。这其实并不困难，因为我可以轻易地用沉默略过那些让我难以作答的问题。然而，在与越来越多从世界各国赶来布拉格的卡夫卡崇拜者交流时，事情就没有那么容易了。我不得不经常保持缄默，因为他们都远比我熟悉卡夫卡的作品——尤其是那些长篇小说。对他们来说，《审判》《美国》与《城堡》并非只是我眼里的几个书名。他们对这些书中的大部分内容都进行过深入的研究，我却从来没有。但在来自法国、美国、德国、澳大利亚、瑞典、意大利、日本及奥地利的来访者面前，我又不能这么说。即便说了，他们也一定不能正确地理解我的意思。我曾试着向一位年轻、才华横溢的布拉格文学学者吐露心声，她脸上近乎惊骇的表情让我记忆犹新。克维塔·希尔斯洛娃（Kveta Hyrslová）女士那篇内容丰富的博士论文探讨的就是弗朗茨·卡夫卡这一文学现象。她噘尖的嘴唇与那双圆瞪的黑眼睛无声无息，却又非常清晰地向我表明：这太荒谬了。然而，于我而言，我对弗朗茨·卡夫卡身后发表的作品仅略有耳闻这件事是再自然不过的。我觉得，这对任何人来说都是件很容易理解的事。

我无法阅读作家弗朗茨·卡夫卡的小说与日记，不是因为不了解他，而是因为我太熟悉他了。年少时的迷惘，青年时的内外交困，被现实不断击碎的幸福幻想，突然被剥夺的权利及因此与日俱增的、内心及外在的双重孤独，完全被忧惧啃噬的灰色日常使我紧紧地附着在耐心地忍受着一切的弗朗茨·卡夫卡博士身上。于我而言，他从不是一种文学现象。他对我的意义远不止如此。和许多年前一样，弗朗茨·卡夫卡博士依然是我个人最独特的保护神。他用他的善良、宽容与毫无保留的赤诚在凄风苦雨中庇护、促进了我的自我发展。哪怕到了今天，在这个时代鬼影幢幢的洪流中，我依然站立在他赋予我的认知与感情基石之上。

试图解读他的书与人生除了让我重温少时经历那难以磨灭的力量，还能为我带来什么？只不过是一些密封了感情与思想的罐头。我认识的那个活生生的弗朗茨·卡夫卡博士比他的朋友马克斯·布罗德拯救出来的手稿伟大得多。我拜访过弗朗茨·卡夫卡博士，与他一同在整个布拉格城散过步。他是如此伟大，如此坚定不移，直至今时今日，在我人生道路的每一个急转弯处，我依然能像抓住一根坚固的铁栏杆般紧紧抓住他在我记忆中留下的影子。

那卡夫卡的书对我来说又有什么意义呢？

我在布拉格国道上有间小屋子，屋里残缺笨重的暖气片上摆着一架橄榄绿色的手风琴，上面有个铺着石棉垫子的木质书架，卡夫卡的书就静静地立在书架上。我时不时拿起这本或那本读上几句，甚至一两页，可每当此时，眼眶中一股急剧增长的压力总是冲击着我，血液激烈地在我的颈动脉中翻涌。我不得不立刻把手上的书放回书架。阅读他的书违背了我小心翼翼珍藏于心，经过岁月洗礼依然清晰的印象与记忆，因为我完全被卡夫卡博士本人及他的言语所充盈，我深深为之痴迷。他的话给了我力量与勇气，让我首次敢于突破自我，对世界，进而对自己做出批判性的理解与评判。

我无法阅读弗朗茨·卡夫卡的书，因为我害怕研读他死后才出版的作品会削减、陌生化，甚至抹灭他的人格魅力施在我心中的魔法。我害怕失去"属于我的"卡夫卡博士，他宛如一个不可动摇的思想典范与生活楷模始终活在我的心中，每当恐惧与绝望快要淹过我的脖子，他总能为我带来新的勇气，使我重新镇定下来。

我也害怕，阅读卡夫卡博士的遗作会让我带着恶意疏远他，如此一来，我就会丧失令我迷醉的青年时代为我提供的源源不断的驱动力。因为，正像我先前提到的那样，弗朗茨·卡夫卡对我而言不是一种抽象的、超越个人的文学现象。我的卡夫卡博士为我留下了如此深刻的印象，因此，他是我的个人宗教中的偶像，这种宗教的影响却远远超出了私人范畴，它赋予我的精神力量使我有能力应对一些荒诞不经，甚至是被毁灭的冰冷阴影覆盖的场面。

对我来说，我熟悉的那个《变形记》《审判》《乡村医生》《在流放地》和《致米莲娜》的作者坚定不移地捍卫着一切有生之物的伦理责任。他是一个被服务条例困住的布拉格工人意外保险机构小职员，然而，在他看似平常的办公室生涯中炙烧着伟大犹太先知般狂放不羁、噼啪作响的烈火，火中蕴藏的是对神与真理浩瀚无垠的渴望。

在我眼里，弗朗茨·卡夫卡是最后的——因为他距离我们最近——也是最伟大的人类信仰与价值传扬者中的一员。

在我与他来往的那几年里，已经在死逝的阴影中展露出黯淡笑颜的卡夫卡博士唤醒了我的感情与思想。他是个具有伟大精神的人，因此他也是我青年时代最强有力的塑形者。他为了真理与人生价值苦斗，是个真正的人。我亲眼见证了他为了生存而沉入静默的苦痛挣扎。他的面部表情，柔声的话语，突如其来的响亮咳嗽声，他高大苗条的身影，友善的双手做出的优雅动作，他那双善于变化的大眼睛中的阴影与光华（他总是用这道光彩强调话中的内容），那些他身上一闪而过因而永不复现成为永恒的品格，还有他内在与外在的品质，这一切都仿佛回声般在我的内心深处颤抖，一再在我岁月的甬道与山谷中回荡出重复的图像——它非但没有随着时间的推移而消失，反而变得越来越清晰，越来越响亮。

我相信，我的卡夫卡博士不是早晚会在我们时代的文献中褪色的人物形象，而是一个始终鲜活、具有典范意义的人类生命。他是一盏明灯，那温暖及愈加明亮的光辉那么多年来一直陪伴着我，无论是青年时代，还是如今已经踏在死亡的门槛上，它都像一只可靠的指南针般忠实地指引着我，让我保留着善良与真正的人性。

我的卡夫卡博士是我青春岁月中最重要的经历，是一种甜蜜而苦涩、调动了我所有自我存在之力的振动，是我成长中的旋涡。为了克服这道涡流的力量，我试着小心翼翼地在日记里记下了我与作家弗朗茨·卡夫卡直接相处的细节。我主要记录的是他的言论。至于引发这些言论的场景，我只是极为模糊而迅速地一笔带过。我觉得这似乎并不重要。我眼中看到的只有"我的"卡夫卡博士。他是一场思想焰火，其他的一切都消失在阴影中。这场焰火当然也对我记录的语言及形式产生了影响，不过，它受到的影响没有像在那本被我称为"思想仓库"的厚厚的灰色笔记本中的特别笔记那么强烈。

这本笔记本中杂乱无章地储存了形形色色的语录、诗歌、小块剪报、文学计划及灵感、轶事、小故事，以及我一时想到的，或是从不同的人（主要是与卡夫卡）那儿听到的，对五花八门的事情与事件的评价。您或许能从这本"思想仓库"中编出一本内容可观、令人惊讶的格言录。然而，通过机械地检索相应文本并不能完成这本格言录，因为我常常遗漏警句的出处与来源。如今看来，我的"思想仓库"不过是由一些突然、随意记录下的阅读及对话的片段组成的大杂烩，或许只有在当初写下它们的那一刻,我才确切地知晓它们是如何产生的。

我在弗朗茨·卡夫卡去世两年后便意识到了这一点。当时,我曾经在捷克东正教教徒、时事评论员兼出版商约瑟夫·弗洛里安位于波希米亚-摩拉维亚高原上的斯特拉里斯市的家中逗留了几日。我与他,与他同住一个家庭公社的弗拉纳(Vrána)神父接连好几个下午及晚上都在谈论弗朗茨·卡夫卡与他将会带来的现代文化发展的可能性。

应弗洛里安的要求,我从毫无文学性的"思想仓库"与日记中摘录出一些内容,并用通俗易懂的语言撰写了一本语录,约瑟夫·弗洛里安想出版它的捷克语版本。然而,这事最后没有成,因为我的思想与感情无法与弗洛里安的正教观念产生共鸣。因此,我不得不离开。其后,我在不同的人、不同的城市、不同的价值观与职业之间不安地逡巡了很久。在这段时间内,无数全新的体验淹没了我青年时代的情感及思想经历。卡夫卡博士的形象渐渐地褪色了。我远离了自己青年时代的基本精神体验,因而也远离了我自己,远离了一切只为我保留的、独一无二的、最为本真的发展可能性。就像被我闲置在柜子底下的废纸堆中的旧乐谱、乐曲草稿、图画与剪报,装满了我整整齐齐地记录下的回忆录及笔记的信封,还有我的"思想仓库"——那本厚厚的灰皮笔记本那样,在我与卡夫卡博士相处的岁月中留下的情景与对话也就此沉没在对虚假的幸福与意义的混乱想象中。在战争与暴力的重压下，我才开始重新整理我的意识。《变形记》中的昆虫此在与《在流放地》中冷酷无情的针刑机器突然清晰可辨地出现在我眼前。当年，书店装订工在我的卡夫卡早期短篇小说集上绘制的燃烧着的荆棘和多年前被"我的"卡夫卡博士描述为必须扬弃的、梦魇般的世界观与信仰也浮现在我面前，弗朗茨·卡夫卡笔下的炼狱突然成为我日常经验中非常寻常的一部分。

我曾经与我的朋友布拉格著名的音乐家格奥尔格·瓦乔维奇（Georg Vachovec）和他的妻子雅娜（Jana）讨论过这种强烈震颤我内心世界的变化。他们认为，我对弗朗茨·卡夫卡的记忆不属于我一个人。

"一个个体从生命体验那甘甜或苦涩的葡萄中压榨出的经验之酒属于全人类，"雅娜说，"你必须用语言之盘将酒递给其他人。"

我的朋友也表示赞同。他说："你一定要出版这些对话。你是卡夫卡的见证人，你或许拥有理解他内心本质的重要钥匙。"

我回答说，我不了解他的全部作品。我与他来往时并没有把他当成作家，而只是我父亲的一个同事。我朋友的妻子为此大发雷霆。她高高地举起双手，大喊道："你怎么那么死脑筋？创作全人类都有意义的作品需要全情的投入，这一点在你们的对话中表现得再明显不过了。法学博士卡夫卡与作家卡夫卡之间没有隔断的隔音水泥墙。这可以从他与你的对话中清清楚楚地听出来。你们的对话也是他的作品。所以你不能将其占为己有。"

对此我无言以对。

我从柜子里的废纸堆中翻出我的笔记,交给我朋友的妻子用打字机誊清,因为当时(1947年),我在臭名昭著的布拉格潘克拉克监狱平白无故地遭受了将近十四个月的监禁,身心都受到了巨大的打击。

约哈娜·瓦乔维奇[1]几天之内就打出了一份原稿及两份复件,还为之编撰了说明与注释。她没有向我征询意见,于1947年5月21日将原稿通过布拉格邮政总局寄给身在以色列特拉维夫的马克斯·布罗德博士。因为几个星期都没有得到答复,朋友的妻子也很不耐烦,就给她的叔叔,住在斯德哥尔摩的印刷专家埃米尔·科萨克(Emil Kossak)寄去了一份副本。可这封信同样石沉大海。于是我决定,把我的书送去纽约西72街100号,一间属于玛丽·S. 罗森博格女士的小型犹太出版社。罗森博格女士几乎立刻就回信了,说她将会在9月10日抵达布拉格,她收购了大量被国家没收的德语古籍,准备进口到美

---

[1] 即雅娜。

国。后来我才知道，她对《卡夫卡对我说》表现出的兴趣不过是出于礼貌。然而，这对于一个刚被释放、受尽折磨的囚犯而言，已经很不错了，别人甚至几个星期都不回我的信。我怀着一丝出版的希望，把最后一份副本寄给了罗森博格女士，我没有收到任何确认信，最后也再没有见到过这份稿件。

这份被约哈娜·瓦乔维奇称为"卡夫卡文档"的回忆录渐渐销声匿迹了。我试着忘却我的笔记，把它当作是一次失败的，因而是毫无意义的文学尝试。然而，到了1949年的圣诞节，我收到一封落款日期为1947年12月14日的信，信是卡夫卡忠诚的朋友及同路人马克斯·布罗德写的，信中提到了我的稿件。他指出了注释中几个细节上的错误，但除此之外，他把我的笔记描述为一本"富有启发性的、有意义的好书"，他很乐意全力推进此书的出版。

信的结尾处写道："最后，我想再次告诉您，我非常喜欢您的笔记，它以感人的方式重现了这位令我难忘的朋友的基本特征，有些细节连我都不知道。请您告诉我您现在过得怎么样。"

这是我在经历了几乎是无穷无尽的恐惧与屈辱后，听到的第一句充满善意的话语，它坚定了我摇摇欲坠的自信心。因为这句话是由"我的"卡夫卡博士敬重的、以一种平静却又恳切的方式爱戴着的人所说的，它对我的影响力就更大了。

285

于是，我在1950年1月5日的时候给马克斯·布罗德回信，信是这么写的："您的信对我来说是一件美妙的圣诞礼物。您自然可以根据您的意见在附录（注释是由雅娜·瓦乔维奇以阿尔玛·乌尔斯的笔名撰写的）中进行修改与更正，我对此只会心存感激。我没有把这本关于弗朗茨·卡夫卡的书看作是一部文学作品，而只是当作一些文献资料：它不过是我青春气象的见证与盘点——如果我可以这么说的话……"

在信的最后，我把稿件的修改权交给了马克斯·布罗德博士，他可以对其进行任何必要的改动。布罗德博士亲切的几句话让我对他产生了不可动摇的信任，可等到此书出版之后（我从未见过这本书的合同与修改稿），这份信任崩塌了。原稿中有相当一部分内容没有出现在书中，其中还有不少我甚为重视的段落，因为它们展现出了《变形记》与《在流放地》那位如梦似幻的作者迄今未曾表露在众人面前的反叛精神，展现出了他一贯的反官僚主义，他的呻吟，他在烟雾缭绕的办公室里时不时出现的苦涩绝望，他对布拉格历史的深入探索，对语言的双关含义充满幻想的执着追求，对伪社会主义党魁的辛辣讽刺，对形形色色政治幻觉的真知灼见，还展现出了他略带鬼魅的幽默感及坚定而带有批判性的处事态度。

1951年由S.菲舍尔出版社出版的那本书里，这一切几乎都没有出现。我的书成了一尊无头的雕像，一副残缺不全的骨架，一具令人悲伤的残体，看到它，我的心就一阵抽痛。这本书被蒙上了眼罩，成了一条因省略而满是迷雾的地平线，一张犬牙突出的歪嘴，一堆被阉割的废纸！

马克斯·布罗德为什么要这么做？

为什么我的笔记会以这种有辱卡夫卡人格魅力的残缺形式出版？

难道我马赛克式的简朴记忆影像妨碍了某个我不了解的文化政治学概念？

难道我的卡夫卡博士与卡夫卡遗作出版者希望的卡夫卡不是一个人？

他为什么要删去表现卡夫卡迄今鲜有人所知的无政府主义倾向的段落？

马克斯·布罗德真的如布拉格左派期刊《青年犹大》（Jung Juda）的共产主义编辑恩斯特·科尔曼（Ernst Kollmann）在一份传单上写的那样，是个中产阶级民族主义者吗？

为什么我的记录遭到了大肆删改？究竟谁对此感到不快了？

我越无法回答这些问题，它们就越是在我的脑海中轰鸣。给马克斯·布罗德写一封信或许是弄清事实最简单的方法，可这正是我没办法做的事。布罗德为了出版我的笔记四处奔走，我应该对他心怀感激。再者说，我已经把书的删改权完全交给了他，现在我也没有抗议的资格。我不得不管好自己的嘴。可我真的没有这样的天赋。我根本无法掩饰自己不快的情绪。我的书这次缺了胳膊少了腿，到底是让我意难平。我虽然沉默隐忍，可我还是不免咕哝，声音甚至还很响[1]。

听到我牢骚的人各自从他们的出发点做出了回应。

经年轻的捷克记者扬·帕里克（Jan Parik）介绍，来自罗马路德维希大街16号的意大利政治评论员内里奥·米努佐（Nerio Minuzzo）在离开布拉格之前与我见了一面，他告诉我，"您是布拉格最后一个还在世的认识作家弗朗茨·卡夫卡的人。您必须把知道的一切都说出来并传递下去，每一个细节都可能是一把钥匙。您不能用沉默掩盖他的人格魅力。"

这话让我大吃一惊。我一直把卡夫卡的精神面貌看作是能点亮四方的耀眼烽火，这可是我们时代最痛苦、最深沉的灵魂冲突，难道我应该让这么一盏指路明灯消隐在迷雾中？我一时愕然无语。可我承认，当内里奥·米努佐和他的朋友突然起身，匆匆赶往机场的时候，我的心里非常高兴。

我书中的罅隙不是我凿的。它出现在我面前的时候已经是尊无头的塑像。我很想填补空缺，可我的手里没有材料。打好

---

[1] 我对马克斯·布罗德所有的怀疑，很久之后，才被证实是完全没有道理的。——作者注

的原稿与两份副本都不见了。我手头没有副本。我受冤入狱的时候，我的妻子已经把我的日记烧掉了。而那本"思想仓库"呢？我不知道它消失在哪儿了。我该如何重拾记忆呢？

我曾与为卡夫卡作传的杰出传记作家克劳斯·瓦根巴赫（Klaus Wagenbach）通了几个月的信，还与他花了好几天时间在布拉格追寻《变形记》与《在流放地》作者的足迹。他曾对我说："您必须把您对卡夫卡所知的一切都写下来。用不了多久，就没有人能记得那个年代的事情了。"

瓦根巴赫第一次让我充分意识到自己的脆弱与必将到来的死亡。他说得没错。我还应该怎么做？我该继续抱怨马克斯·布罗德出版了这本不完整的书吗？

克劳斯·瓦根巴赫是布罗德的熟人，也是 S. 菲舍尔出版社的编辑。我以一个琐碎的借口谢绝了瓦根巴赫的帮助，那个借口我今天已经想不起来了。

光是这样并不能改善我内心的状况。反之，这本残缺不全的书给我造成了心理创伤。我是一个重要的证人，却无法开口做证。悔恨与内疚啃噬着我。因此，我自然会向不同的人寻求建议与帮助。但是，凡是触及内心最隐秘的苦楚的时候，人总是孤独的。别人帮不上忙。若非充满真实而不拘一格的爱，他人的言辞只能是过眼云烟。

一个阳光灿烂的下午，我与奥地利文学协会的秘书，沃尔夫冈·克劳斯博士在已经关闭的、寂静的公墓中停留,坐在弗朗茨·卡夫卡的墓前。他告诉我,我应该记录并发表我回忆中的情景。他说:"没有地方规定,除了您那本大获成功的《与卡夫卡对谈》之外,您就不能出版其他与这位布拉格作家有关的作品。"

我没有对这句话发表评论。我无法告诉这位让人喜爱的维也纳文学家,对我来说,弗朗茨·卡夫卡不是文学研究的基础材料,而是悄然形成的个人宗教结晶的晶棱。对我来说,不论是过去还是现在,弗朗茨·卡夫卡都不是一个娱乐性的、属于通俗文学的事件,而是一种非常严肃的、对人生及信仰有指导意义的楷模。

当然,至今也只有极少数人知道这一点,因此,许多国外的出版社纷纷来找我,想要出版各种各样的通俗读物。比如说,慕尼黑的金德勒出版社就要求我翻开我的文件箱,帮助他们出一本关于卡夫卡后继者的书。显而易见,我不得不于1961年5月25日委婉地拒绝这一请求,因为我既没有必要的文件,也没有书写的条件。我手头没有《与卡夫卡对谈》原稿的副本,那本老旧的"思想仓库"也不知所踪。况且,即便我能找到那本遗失的灰皮笔记本,我也很难忆起上面的各种说法是从何而来。已经过去了那么多年,我极有可能错误地把其他记录归在卡夫卡名下,而实际上,那可能是从我早已遗忘的其他读物中摘录下来的。

我还能如何做证呢？我总不能胡编乱造，给世界各地的某些细节猎手奉上一盘盘美味的轶事佳肴吧？我必须严格把控，让每一句证词都尽可能真实。可就连这一点也被别人误解了。

意大利电影导演费尔南多·迪·贾马特奥（Fernando di Giammatteo）为意大利电视台拍摄过一部关于弗朗茨·卡夫卡与布拉格的影片。我曾经领着他穿过房屋之间宛如管道的幽暗通道，当查理大桥上的高塔与布拉格城堡的剪影突然冲破黄昏的雾霭，出现在我们面前时，他对我说："您是个作家。"

"您是个作家，"他重复道，"对您来说，卡夫卡并不是您年轻时遇到的一个普通人。"我答道："没错，他是个预言家。弗朗茨·卡夫卡并不生活在布拉格。布拉格只是他的跳板。弗朗茨·卡夫卡生活在寰宇之中。"

正是如此，我才会觉得失去记忆是种罪过，也是种严重的过失。

克拉维电影公司的负责人露西·乌尔里奇（Lucy Ulrych）在布拉格逗留期间，我向她袒露了这样的心声。她对我说："您千万得冷静。卡夫卡是个先知，您记录下了他的声音。先知的声音是不会消逝的。您剩下的那些谈话片段一定还能找得到，弗朗茨·卡夫卡不是一般的文学现象，卡夫卡的声音是传给我们时代所有人的重要信息。您的《与卡夫卡对谈》一定还能只字不漏地出版。"

我们走在瓦茨拉夫广场傍晚五彩缤纷的霓虹灯下。露西女士的声音中充满了炽热的信念。我能感受到她的信念，可我不相信她的话。在我眼里，她的热情只是一种兴奋昂扬的姿态。我那本书的原稿与副本都没有了。没有奇迹会把它们送回来。我觉得很不舒服。我感觉我快要因糖尿病而昏厥。我的呼吸很急促，汗水沿着我的后背淌了下来。露西女士打车送我回到我已经住了很久的位于城郊的房子。

告别时，她对我说："您不能就此消沉。正如卡夫卡所说，绝望是最大的罪过之一。您必须相信正义与仁慈，这样一切都会好起来。好事向我们走来时总是披着恐怖的外衣。"

露西女士说得没错。但是，很久以后我才意识到这一点。在与露西女士交谈的这段时间里，我真正看到、体验到的只有近乎无望的屈辱与苦楚。它与社会与国家秩序的外在环境无关，而是由物与人内部的魔性造成的。

与露西女士交谈的时候，我已经在可怕的压力下生活了好几个月，我倾尽全力都无法摆脱这种困境。我的心绪一天比一天混乱。我的妻子，海伦娜·雅诺施因长期患病去世了。不久之后，我的女儿安娜也由于摩托车事故离开了人世。我没法参加她的葬礼，连妻子的丧葬费我也只付了一部分，因为我的经济来源全断了。我曾在布拉格一家有名的出版社担任外聘编辑及翻译，可这家出版社的女负责人自杀了，出版社的新领导不愿意承认这种基本上算是口头委托的工作。工作了一整年，我却没有收到一分钱报酬。当我抵制这种不公的时候，连所有其他的工作机会都被剥夺了。与此同时，我与德国图书市场上的一些纳粹分子发生了冲突。他们从中阻挠，让我的一本书无法出版。我在该书中强调了种族迫害导致的精神创伤，还描写了受到种族压迫的人是如何尝试着用爵士乐摆脱心灵上的痛苦。我不仅熟悉黑人音乐，还了解特雷津犹太人聚集区里的年轻犹太人那"发声的面包"。我多年的朋友，作曲家埃米尔·路德维克（Emil Ludvík）忘我地支持着他们的事业。

曾经的种族代表摇身一变，成了如今体面的民主党人，书中的事实当然成了这些人的眼中钉，所以，他们用龌龊至极的手段阻挠了我的书《死亡布鲁斯》的出版。当我提出抗议的时候，我的《布拉格的邂逅》一书的再版进程也被一并压下。该书的首版在几周前售罄，美国的加州大学伯克利分校及苏联的利沃夫国立大学要求莱比锡的保罗·李斯特出版社供书，均无功而返。

由于坚定的人道主义观念及对弗朗茨·卡夫卡深切的信任与怀念，我受到了毫无法律依据的迫害，这甚至到了危及我生存的地步。他们堵住我的嘴，企图断绝我进行社会活动的一切手段，想利用这样日益猖狂的边缘化方式击垮我。

他们几乎就要得逞了。我常年疾病缠身,精神痛苦不堪,再加上如今被人算计,不得不为日常生计发愁,这大大地影响了我的新陈代谢系统,它最终失灵了。我的精神与身体都已衰颓。我渐渐陷入了内部与外部的双重孤寂,它不但没有让我变得冷漠麻木,反而使我产生了一种任人摆布的无助感,让我愈加烦躁不安。

相熟的医生发现我很容易受到各种疾病的感染。我的热度退不下去,几乎无法离开病床。除了身体上的衰败,我的精神力与记忆力也衰退得越来越明显。我一直引以为豪的记忆力出现了漏洞。一些固定不变、极为日常的小事我转眼就忘得一干二净。我的生活似乎已经不值得继续了。我已经足以成为加缪、贝克特等一众荒谬主义巨匠笔下的人物。我的前景只有一种:死亡。我不想期待太多,只愿悄然离去。我唯一的愿望是把一切整理得井井有条。我不想把债务与混乱遗留给那些善良的人,就是在他们无私的帮助下,我才能坚持到现在。于是,我去了我国道上的老宅。自打妻子去世后,我只回去过几次,每次也待不了多久。我想把这里留下的照片、衣物、瓷器等剩下的物品都整理出来送人。大约半小时后,桌上堆满了各种各样的东西。我环顾四周,想找一个箱子。房间里没有。我之前在厕所的置物架上看到过几个旧纸盒。于是,我就去那儿翻出了一个陈旧破损的大纸箱,里面堆满了废旧的布料与羊毛料,还有成捆的编织针与发黄的裁剪图案。我把箱子里的东西全倒在地上。最底下是一本约翰·施特劳斯的华尔兹乐谱，乐谱下面竟然是我那本灰皮的旧笔记本"思想仓库"。施特劳斯的华尔兹乐谱里露出了几张打字稿，那是《与卡夫卡对谈》被删段落的原稿。我不禁坐下读了起来。

马克斯·布罗德博士没有随意删改我书里的内容。他没有省略、删去任何一个段落。这么多年以来，我一直冤枉了他。错就错在我不拘小节、贪图方便。比起不熟悉的人，我更信任身边的人。出于好意，过于焦急的约哈娜·瓦乔维奇根本没有把手稿全部打完就寄给了马克斯·布罗德。这就是事情的全貌。至于这些稿子是如何被夹在乐谱中塞进箱子里的，我就不知道了。可现在这也不重要了。

露西·乌尔里奇女士说得没错。她说得太对了。她的热情并不只是姿态。像错怪了马克斯·布罗德那样，我也对不起她，因而也对不起我自己。先知的声音是不会消逝的。她所见非虚，所言也非虚。

所以，在整理我的人生遗产时，我只能从补完我的卡夫卡证词开始。但这并不是结束，不是堕入死逝，而是开始，是回归。这不仅仅是为了我自己，更是为了许多在看不见的地方为明天努力奋斗的人。

诚如善良忠诚的马克斯·布罗德所言，我的卡夫卡博士是个引路人。所以，我在此公开写下的忏悔与谢罪并非结语，而是一扇敞开的门，一丝希望，一次深呼吸。在经历过恐怖与失望的种种痛苦后，希望这能为我们这些脆弱的人依然生机勃勃、坚不可摧的地方带来些许力量。

古斯塔夫·雅诺施

- 全书完 -

阅读是砍向我们内心冰封大海的斧头：
卡夫卡谈话录

口述 _ [奥] 弗朗茨·卡夫卡　　记述 _ [捷克] 古斯塔夫·雅诺施　　译者 _ 徐迟

产品经理 _ 扈梦秋　　装帧设计 _ 林林　　产品总监 _ 曹曼
技术编辑 _ 陈皮　　执行印制 _ 刘淼　　策划人 _ 于桐

营销团队 _ 阮班欢 李佳　　物料设计 _ 林林

果麦
www.guomai.cn

以 微 小 的 力 量 推 动 文 明

图书在版编目（CIP）数据

阅读是砍向我们内心冰封大海的斧头：卡夫卡谈话录 / (奥) 弗朗茨·卡夫卡口述；(捷克) 古斯塔夫·雅诺施记述；徐迟译. -- 天津：天津人民出版社，2021.12（2025.2重印）
 ISBN 978-7-201-17741-0

Ⅰ. ①阅… Ⅱ. ①弗… ②古… ③徐… Ⅲ. ①卡夫卡 (Kafka, Franz 1883-1924)—访问记 Ⅳ. ①K835.215.6

中国版本图书馆CIP数据核字(2021)第211201号

阅读是砍向我们内心冰封大海的斧头 ：卡夫卡谈话录
YUEDU SHI KANXIANG WOMEN NEIXIN BINGFENG DAHAI DE FUTOU : KAFUKA TANHUA LU

出　　　版	天津人民出版社
出 版 人	刘 庆
地　　　址	天津市和平区西康路 35 号康岳大厦
邮政编码	300051
邮购电话	022-23332469
电子信箱	reader@tjrmcbs.com
责任编辑	金晓芸
特约编辑	康悦怡
产品经理	扈梦秋
制版印刷	北京盛通印刷股份有限公司
经　　　销	新华书店
开　　　本	880 毫米 × 1230 毫米　1/32
印　　　张	11
印　　　数	29,001-32,000
字　　　数	192 千字
版次印次	2021 年 12 月第 1 版　2025 年 2 月第 6 次印刷
定　　　价	49.80 元

版权所有 侵权必究
图书如出现印装质量问题，请致电联系调换（021-64386496）